Michael Girkinger

Alles. Immer. Besser.

Michael Girkinger

ALLES.
Licht und Schatten
IMMER.
der Selbstoptimierung
BESSER.

PROMEDIA

Bibliografische Information der Deutschen Bibliothek:
Die Deutsche Bibliothek verzeichnet diese Publikation in der Deutschen Nationalbibliografie.
Detaillierte bibliografische Daten sind im Internet über http://dnb.ddb.de abrufbar.

Lektorat: Elvira M. Gross
Satz: Kevin Mitrega, Schriftloesung
Umschlag: Sophie Gudenus
Druck: Custom Printing, Warszawa
Printed in Poland
ISBN: 978-3-85371-517-8

Fordern Sie die Kataloge unseres Verlags an:
Promedia Verlag | Rotenlöwengasse 8/4 | A-1090 Wien

E-Mail: promedia@mediashop.at
Web: www.mediashop.at | www.verlag-promedia.de

Inhalt

Vorwort

Platon sagt, am Anfang aller Philosophie steht das Staunen. So war es auch in meinem Fall: Schon während meines Studiums war ich verblüfft über all die Werbeannoncen in Business- und Weiterbildungsmagazinen, die sich der Persönlichkeitsentwicklung annahmen. Sie versprachen, bestimmte Kompetenzen schnell und tiefgreifend verbessern zu können bis hin zur Optimierung der kompletten Persönlichkeit. Nahegelegt wurden diese Verbesserungen und Heilsversprechen von Trainer:innen, die selbst bereits sehr optimiert und glücklich aussahen. Auch du, lieber Kunde und liebe Kundin, kannst ganz schön glücklich und erfolgreich werden, wenn du mein Angebot buchst. So wird die Botschaft kommuniziert.

Das ist kein Buch, das Selbstoptimierung ablehnt oder geringschätzt. So einen definitiven Standpunkt einzunehmen, halte ich für vermessen, denn die Möglichkeiten zur Selbstoptimierung sind genauso vielfältig wie die individuellen Erfahrungen damit. Ein Dankbarkeitstagebuch mag für den einen albern sein, für die andere hilfreich. Eine Fitness-App mag für die eine bevormundend sein, für den anderen motivierend. Sich verbessern zu wollen, nach Höherem zu streben, ist ein Antrieb, der tief im Menschen verwurzelt ist. Michel Foucault drückte es so aus: »Das Wichtigste im Leben und in der Arbeit ist, etwas zu werden, was man am Anfang nicht war.«[1] Diesem Impuls folgend kann Selbstoptimierung etwas sein, das uns Energie und Richtung gibt und unser Leben bereichert. Kritisch sehe ich sie dort, wo sie mit unerfüllbaren Ansprüchen und Idealen, Kontrollillusionen oder Zwangsoptimismus verbunden ist. Interessant ist daher weniger die Selbstoptimierung an sich, sondern der Kontext, in dem sie praktiziert wird. Das Buch analysiert, warum es ein berechtigtes Unbehagen an der Selbstoptimierung gibt, und stellt die Frage, ob Selbstoptimierung als Versuch, alles im Leben »bewusster« zu machen und in Regeln zu packen, der optimale Weg ist, um ein besserer oder glücklicherer Mensch zu werden.

1930 veröffentliche Sigmund Freud seine bekannte Schrift *Das Unbehagen in der Kultur*. Sein Gedanke damals: Kultur schützt den Menschen vor der Natur und regelt das Zusammenleben. Doch diese Regeln und Normen zwingen den Menschen, seine Triebe einzuschränken. Deshalb lebt er immer in einem Widerspruch zu seiner Veranlagung. Freud beschäftigte sich auch mit dem Glück, zu dem der Mensch nur sehr eingeschränkt fähig sei. Glück sei nur ein episodisches Vergnügen, das sich, wo es fortdauert, zum lauen Behagen wandle. Wir sind so konstituiert, dass wir nur den Kontrast intensiv erleben können, nicht den Zustand. Man kennt das Bonmot Goethes: »Nichts ist schwerer zu ertragen als eine Reihe von schönen Tagen.« Das mag, merkt Freud in einer Fußnote an, eine Übertreibung sein. Er bespricht verschiedene Quellen des Glücks, keine davon sei ohne Haken. Was also tun? In seiner ihm speziellen Art schlussfolgert er: »Wie der vorsichtige Kaufmann es vermeidet, sein ganzes Kapital an einer Stelle festzulegen, so wird vielleicht auch die Lebensweisheit raten, nicht alle Befriedigung von einer einzigen Strebung zu erwarten.«[2]

Heute, in einer Kultur der »good vibes only«, kann man sich fragen: Ist es nicht ein überkommenes, negatives Bild, das Freud hier zeichnet? Mir gefällt, wie er – stellenweise mit großväterlicher Ironie – die Polarität des Lebens beschreibt und mahnt, man dürfe nie »die Buntheit der Menschenwelt und ihres seelischen Lebens« vergessen.[3] Dieser Zugang trägt möglicherweise mehr zur inneren Balance bei als die idealisierten Lebensbilder, die uns etwa der Selbsthilfemarkt, Businessmagazine oder die Welt der (Sozialen) Medien als neue Norm vor die Nase halten. Haben sie ein neues »Unbehagen in der Kultur« geschaffen, das aus einer schmerzlich empfundenen Diskrepanz zwischen uns selbst und irgendwelchen einseitig positiv gefärbten »besten Versionen« besteht?

Solche Visionen stehen nicht nur in einem deutlichen Kontrast zu mir selbst und den Menschen um mich herum, sondern auch zur Welt der Literatur, wie ich sie kennengelernt habe. Nirgendwo herrschen auch nur annähernd so ideale Zustände wie in der inszenierten, aber augenscheinlich wirkmächtigen Welt moderner Expert:innen der Lebenskunst. Warum erwähne ich die Literatur? Weil Literatur ein Spiegel unserer vielstimmigen Innen- und Außenwelt ist. Ein Roman begeistert uns, wenn er Erfahrungen und Eindrücke darstellt, die wir selbst kennen, aber nie so hätten formulieren können.[4] Gute Literatur zeigt, wie komplex unsere Welt ist. Sie macht sichtbar, wie vielschichtig und oft widersprüchlich wir denken und handeln und dass das Panorama menschlicher Gedanken und Gefühle viel größer ist als das, was wir gemeinhin als normal oder normal im Sinne von erstrebenswert halten. Und sie zeigt, wie sehr wir mit sozialen und historischen Prozessen verwoben sind, die wir weder ganz erkennen noch beherrschen können. Daher greife ich auch in diesem Buch bisweilen auf Literatur zurück.

Im Studium begann ich mich mit dem Persönlichkeitsbildungsmarkt näher zu beschäftigen. Daraus wurde schließlich eine Dissertation, in der ich mich kritisch mit den vielen Glücks- und Erfolgsangeboten auseinandersetzte.[5] Der Begriff der Selbstoptimierung spielte für mich anfangs noch keine nennenswerte Rolle, obwohl die vielen Glücks- und Erfolgsexpert:innen genau das darstellen und predigen: Selbstoptimierung. Die Kritik an fragwürdigen »Produkten« am Persönlichkeitsbildungsmarkt war nicht der einzige Grund, warum ich mich mit dem Thema auseinandersetzte. Es werden dort auch Fragen angesprochen, die uns alle auf die eine oder andere Art beschäftigen: Was macht für mich ein gelingendes

Leben aus? Welches Leben passt zu mir? Wozu bin ich fähig? Womit tue ich mir schwer? Wie gehe ich damit um? Solche Fragen schwingen mit, wenn sich Menschen in irgendeiner Weise optimieren wollen. Doch egal, welches Lebenskonzept wir als erstrebenswert erachten, im Leben aller Menschen geht es immer auch um den Umgang mit Grenzen. Die ultimative Grenze ist die eigene Endlichkeit. Die Erde existiert bereits seit 4,5 Milliarden Jahren. Wir sind nur etwa 4 000 Wochen ein Teil von ihr.[6]

Dieses Buch ist nicht nur eine Auseinandersetzung mit einer ambivalenten Selbstoptimierungskultur und ihren oft trügerischen Glücksversprechen, es berührt dabei ebenfalls solche Lebensfragen und kann, so hoffe ich, die eine oder andere Inspiration mitgeben. Dabei habe ich Gedanken aus vielen Büchern herangezogen. Ich folge dabei dem Historiker Theodore Zeldin, der einen großen Wert darin sieht, an der Gedankenwelt anderer Menschen teilzuhaben und zu erfahren, was sie bewegt oder bewegt hat; was für sie in ihrem Leben von Bedeutung war oder ist. Er schreibt: »Ich ziehe es vor, zu erfahren, was Sie glauben, was andere glauben oder geglaubt haben, welches Bild sich andere als ich von der Welt machen und was passieren würde, wenn die Leute mehr darüber wüssten, was in den Köpfen der anderen vor sich geht. Es hat keinen Sinn, entscheiden zu wollen, was man mit seinem Leben anfängt, ohne zu wissen, was andere aus ihrem Leben gemacht haben und mit welchen Ergebnissen.«[7] Das Leben, soviel ist sicher, ist viel bunter und interessanter, als es die Ratgeber oder Businessmagazine darstellen.

Linz, im Jänner 2023
Michael Girkinger

Selbstoptimierung als ambivalentes gesellschaftliches Leitbild

Der Grundinstinkt des Menschen ist Herrschsucht. Er will herrschen über Totes und Lebendiges, Körper und Seelen, Zukunft und Vergangenheit. Alle die vielfältigen Tätigkeiten, denen er sich hingibt, zielen dahin.

Egon Friedell, »Kulturgeschichte der Neuzeit«

Jeder kennt sie: Aufforderungen, Angebote und Anleitungen, etwas an seiner Persönlichkeit und im eigenen Leben zu verbessern. Anfang 2020, drei Monate, bevor die Corona-Pandemie in Österreich den ersten Lockdown auslöste, titelte das Magazin *Men's Health*: »Dein bestes Jahr!« Am Cover ein Mann mit Sixpack. Daneben die Teaser: »Neustart 2020: So erreichst du alle Ziele«, »Mehr aus jedem Workout rausholen«, »Schlauer essen«, »Jede Nacht richtig gut schlafen«. Es sind Variationen wohlbekannter Appelle, die uns so oder so ähnlich dazu anhalten, das Beste aus uns und unserem Leben zu machen.

Ob man das gut oder schlecht finden soll, wird unterschiedlich gesehen. Der Sozialpsychologe Harald Welzer hat seine Probleme damit. Wir würden in einem »permanenten Trainingsprogramm« leben, das uns darin »schult, der noch bessere Optimierer zu werden. Mach dies, mach das, kauf dir eine Apple-Watch, dann kannst du deine Körperfunktionen steigern. Wir leben in einem Universum der permanenten Optimierung.«[8] Die Soziologin Paula-Irene Villa bezeichnet Selbstoptimierung als »Zauberchiffre für Status«.[9] Der Jugendkulturforscher Bernhard Heinzlmaier beklagt ein »Selbstoptimierungsdiktat«, dessen Ideal »der immer funktionstüchtige, kreative, erfolgreiche und gutaussende Optimist« ist.[10] Der Philosoph Wilhelm Schmid meint dagegen, die Selbstoptimierung sei zu Unrecht in Verruf geraten, und plädiert, sie dafür zu nutzen, besser mit sich selbst zurechtzukommen.[11] Der Kunstwissenschaftler Jörg Scheller wiederum sieht im Wunsch, sich selbst und die Umwelt zu optimieren, einen Ausdruck von Optimismus, während sich das Misstrauen gegenüber der Selbstoptimierung »als Teilaspekt jener depressiven, angsterfüllten Grundstimmung deuten [lässt], die Teile des sich im Abstieg wähnenden Westens ergriffen hat«.[12]

Als Begriff ist Selbstoptimierung seit Mitte des 20. Jahrhunderts bekannt. Weite Verbreitung gefunden hat er erst seit den 2000er-Jahren. Menschheitsgeschichtlich bedeutet die Praxis der Selbstverbesserung zunächst nichts Herausragendes. Für Peter Sloterdijk ist die Erde ein »Planet der Übenden«.[13] Die Praxis des Übens entspringt der Grundkonstitution des Menschseins: Der Mensch ist ein »Mängelwesen«, wie es der Philosoph Arnold Gehlen formulierte. Anders als Tiere arm an Instinkten, weist er dafür eine ausgesprochen hohe Plastizität, Weltoffenheit, Lernfähigkeit und Erfindungsgabe auf.[14] Zur Realität des Menschseins gehören – das ist die andere Seite der Medaille – wesentlich Erfahrungen der Unvollständigkeit, der Unzulänglichkeit, der Widersprüchlichkeit, des Mangels und des Leids. Der Theologe Hans Küng (gestorben 2021) sagte mit 82 Jahren über sich, er habe sich stets als widersprüchlichen Menschen mit Stärken und Schwächen erfahren, »weit von der gewünschten Vollkommenheit. Keinesfalls als Idealmensch, sondern als Menschen mit Höhen und Tiefen, mit Tag- und Nachtseiten, mit all dem, was C. G. Jung den ›Schatten‹ der Person nennt, eben das, was der Mensch statt aufzuarbeiten nur zu gern wegschiebt, verdrängt, unterdrückt. Und möchte nicht manch einer in seinem Herzen gerne anders sein? Ein klein wenig intelligenter, reicher, schöner? Oft nimmt man die Welt leichter an als sich selbst, wie man nun einmal ist oder durch andere gemacht wurde.«[15]

Erzählungen vom »perfekten Leben«

In der offenen und klugen Selbsteinschätzung Küngs spiegelt sich wider, was uns als Menschen auszeichnet: Wir sind, was unsere Meinungen, Wünsche und Emotionen anlangt, nicht dazu gezwungen, blind vor uns hinzuleben, sondern können uns in unserem Erleben zum Thema machen und uns »selbst bestimmen«. Das gelingt in zwei Schritten: durch verstehen und bewerten. Ich kann erstens fragen, was ich denke, fühle und will. Wie bin ich zu meiner Einstellung gekommen? Und wäre es auch möglich, etwas anderes zu denken, zu fühlen und zu wollen? Ich kann zweitens fragen, ob ich zufrieden mit meiner gewohnten gedanklichen Sicht auf die Dinge bin. Überzeugt sie mich weiterhin oder würde ich lieber anders denken und handeln?[16] Diese zwei Arten, das eigene Erleben zu reflektieren, finden sich auch in der Bedeutung des Wortes Lebensführung. Sie spannt den weiten Bogen vom Alltag zur Lebenskunst, vom »Überleben« bis hin zum »guten« und »gelungenen« Leben, und umfasst damit alles, was das Leben wertvoll und bedeutsam macht.[17]

Woher beziehen wir aber unsere Vorstellungen von einem gelungenen Leben? In den westlichen Gesellschaften sind sie eng verknüpft mit einer »liberalen Erzählung«. Der Historiker Yuval Harari beschreibt die Geschichte der Menschheit als Abfolge von großen Erzählungen – über den Menschen, die Welt, das Universum. Erzählungen stiften Sinn und Identität. Die liberalen halten uns dazu an, uns selbst zum Ausdruck zu bringen, schöpferisch zu sein und uns zu verwirklichen. Und zu glauben, dass wir über unseren Willen, unsere Wünsche, Gefühle und Gedanken bestimmen, sie kontrollieren und also auch optimieren können.[18] Lebten wir in anderen Umgebungen und unter anderen Umständen, würde uns dieses Bild von uns selbst vollkommen fremd erscheinen. Der Verhaltensforscher Kurt Kotrschal erwähnt in seinem Buch *Sind wir Menschen noch zu retten?* ein interessantes Beispiel. Im Regenwald Südostasiens findet man die letzten Angehörigen des Volkes der Maniq. Sie leben ganz in der Gegenwart, kennen keine Begriffe für Vergangenes und Zukünftiges und pflegen keinen Ahnenkult. Vieles an ihrer Kultur ist für unsere Begriffe nur rudimentär ausgebildet. Dafür haben sie eine hohe sprachliche Komplexität im ökologischen Bereich entwickelt. Sie haben zwar keinen Begriff für die Kategorie »Baum«, benennen aber Hunderte Arten von Bäumen und Tausende für sie relevante Arten von Lebewesen in ihrer Umwelt. Es wird vermutet, dass es sich bei ihren Sprach- und Denksystemen um eine spezifische Anpassung an ihren Lebensraum handelt, die weniger spirituell-philosophische, sondern mehr ökologische Inhalte hervorbrachte. Sollte eines ihrer Kinder in einem urbanen Umfeld aufwachsen, so Kotrschal, dann würde es sich aber ebenso an die herrschende Kultur anpassen, Kreditkarten benutzen oder vielleicht eine Universität besuchen.[19]

Was würden die Maniq antworten, wenn man sie fragte, wie weit sie sich selbst »verwirklicht« haben? Für uns ergibt dieser Begriff »Sinn«, in ihrem Lebensraum nicht. Das Beispiel zeigt sehr schön: Wir Menschen können uns exzellent körperlich und mental an unsere Umwelt anpassen. Und wir erzählen uns in unterschiedlichen Natur- und Kulturräumen unterschiedliche Geschichten darüber, wie das Leben »ist« oder was es zu einem gelungenen Leben braucht. Die Geschichten geben uns Orientierung, können aber auch leicht in die Irre führen, wie der Glücksforscher Paul Dolan warnt. Niemand sei immun vor sozialem Druck. Von klein auf würden wir hören, was wir tun sollten, um das »perfekte Leben« zu leben. Status, Wohlstand, Erfolg, Bildung oder die Ehe würden zu diesen Geschichten gehören. Es handle sich entweder überwiegend um Mythen oder sie seien einfach nicht für jeden wahr. Trotzdem würde vieles von dem, was wir tun, von solchen Geschichten angetrieben. Das Glück stecke aber nicht in diesen Geschichten, nicht in »dem einen großen Ding« das es zu erreichen gelte, sondern in den täglichen Erfahrungen, in den kleinen Dingen, die uns Freude und Sinn gäben. Auf sie müssten wir unsere Aufmerksamkeit richten.[20] Auch die Aufrufe, sein »wahres Ich« zu suchen oder unsere »bestmögliche Version« zu sein, gehören zu solchen Geschichten. Derartige Appelle können uns inspirieren, aber auch ablenken, verwirren und unzufrieden machen.

Bruce Springsteen und die »Macht des positiven Denkens«

Bruce Springsteen gehört seit den 1970er-Jahren zu den weltweit erfolgreichsten Rockmusikern. Er hat Millionen Platten verkauft, füllt Stadien, ist ein Geschichtenerzähler, der epische Konzerte gibt. Umso größer war das allgemeine Erstaunen über seine Autobiografie, die 2016 erschien. Offen schildert er darin seinen jahrzehntelang geführten Kampf gegen Ängste und Depressionen, ein Erbe seines Vaters, der Springsteens Zuhause einst in ein »Minenfeld aus Angst und Unbehagen« verwandelt hatte. Aus diesem Grund beschreibt er sich selbst als manisch-depressiven Trapezkünstler, der immer wieder versucht, sich mit Medikamenten und Therapien über Wasser zu halten. Besonders stark schlug seine Depression nach seinem 60. Geburtstag aus, wo sie »wie Öl aus einem lecken Tanker direkt in den wunderschönen türkisblauen Golf meiner sorgfältig geplanten Existenz« sprudelte.[21]

2019 lief seine Show »Springsteen on Broadway«. Thema war die Spannung, die ihn sein Leben lang begleitete: Die Spannung zwischen der Person, die wir durch Gene und Herkunft schicksalshaft sind, und der Person, die wir durch unseren Willen werden können. In einem Interview erklärte er, wie wichtig es sei, sich seinen inneren Dämonen zu stellen. »Mit jedem Jahr, das vergeht, wird der Preis für unsere Weigerung, diese Klärung vorzunehmen, höher und höher.« Richtig gefunden habe er sich bis heute nicht. »Niemand tut das. Mit der Zeit wird man immer mehr man selbst. Im Laufe deines Lebens erreichst du so viele Meilensteine, die dich authentischer machen und dir zeigen, wer du wirklich bist. Aber ich ertappe mich immer noch dabei, dass ich um offensichtliche Dinge kämpfe, die ich schon lange hätte wissen müssen. Wenn es mir nicht mehr so gut geht, verliere ich den Blick darauf, wer ich bin. Das Einzige, was im Leben sicher ist, besteht darin: Wenn du denkst, du hast es, dann hast du es nicht!«[22]

Wir alle kennen solche Erfahrungen. Wir alle bewegen uns in diesem Spannungsfeld zwischen dem, wie die Dinge liegen, und dem, wie wir sie gerne hätten. Dieses Spannungsfeld äußert sich auch bei zwei viel diskutierten Themen, die in starkem Kontrast zueinanderstehen: die Diskussion über psychische Leiden und die Diskussion über Glück. Viel mediale Aufmerksamkeit findet die Zunahme individueller Krisensymptome wie Stress, Burnout und Depression. In Österreich gaben 2018 bei einer Umfrage knapp 60 Prozent der Befragten an, sie seien durch Stress belastet. Rund ein Drittel der Österreicher:innen fühlt sich aufgrund der beruflichen oder privaten Stressbelastung burnoutgefährdet. Als die größten Belastungsfaktoren werden der Arbeitsplatz, Finanzsorgen und Beziehungsprobleme genannt.[23] Ca. 1,2 Millionen Menschen in Österreich sind von einer psychischen Erkrankung betroffen.[24] Die »Österreichische Gesundheitsbefragung« der Statistik Austria aus dem Jahr 2014 ergab, dass 10 Prozent der befragten Frauen und 6 Prozent der Männer innerhalb der letzten zwölf Monate unter Depressionen litten (bei 78 Prozent der betroffenen Frauen und 69 Prozent der Männer gab es dazu auch eine ärztliche Diagnose).[25] Durch die Corona-Pandemie hat sich die Zahl der Menschen mit Depressionen erhöht. Die Pandemie galt als »Brandbeschleuniger der Einsamkeit«[26] und Auslöser gesteigerter Gereiztheit.[27] Mit dem russischen Angriffskrieg gegen die Ukraine, der fortschreitenden Klimaerwärmung, der Energiekrise und der Inflation hat sich 2022 eine neue Gemengelage entwickelt, die den Blick auf die Zukunft eintrübte. Knapp die Hälfte der Bevölkerung sieht der nahen Zukunft mit Skepsis und Pessimismus entgegen.[28] Die größten Sorgen bereiten jungen Menschen zwischen zwanzig und vierzig Jahren die steigenden Lebenshaltungskosten und die Klimakrise.[29]

Ein ganz anderes Bild zeigt das laute Gerede über ein besseres, irgendwie gelungeneres Leben. Glück, so wird suggeriert, ist machbar: durch Konsum, Diät, Wellness, trendige Lifestyles oder die Arbeit am Selbst. Auf dem Fließband werden Tipps verteilt, Techniken entworfen, Geheimnisse gelüftet, Formeln entdeckt, Strategien vermittelt, Rezepte verschrieben, Befreiungen geplant, Kräfte entfesselt. Sucht man auf amazon.de in der Rubrik Bücher nach dem Stichwort Glück oder Erfolg, so werden jeweils mehr als 60 000 Vorschläge ausgeworfen (Abfrage September 2022). Du willst mehr Glück? »Das Geheimnis des Glücks. Lache – Liebe – Lebe! Tausche Sorgen und Ängste gegen Freude und Zufriedenheit und entscheide dich, glücklich zu leben«.[30] Du willst mehr Erfolg? »Erfolg ist, wenn du's trotzdem schaffst: Wie dich nichts und niemand stoppen kann«.[31]

Die Kultur des positiven Denkens ist durchdrungen von der Überzeugung, dass »in jedem Menschen ein unbeschränktes Potential« liegt.[32] Glück wird Mittel zum Zweck, ein Botenstoff für Erfolg, Leistungsfähigkeit und Belastbarkeit, ein Gradmesser, ob jemand auf der Gewinner- oder Verliererseite steht. Das Geschäft mit der

Persönlichkeit boomt. Die Botschaft ist: Du musst dich mit deiner »defizitären«, unvollkommenen Persönlichkeit oder Situation nicht abfinden. Wenn du willst, ist (fast) alles möglich. Oder zugespitzt: Es gibt Heilung durch Optimierung. Die »modernen Priester der Machbarkeit«,[33] wie sie als Trainer:innen, Speaker oder Coaches in großer Zahl am Persönlichkeitsbildungsmarkt zu finden sind, verkörpern ihre Glücks- und Erfolgsverheißungen mit ihrem professionell inszenierten Habitus. Wir treffen auf diesem Markt Macher:innen, Gewinnertypen, Visionär:innen, Innovator:innen, erfrischend, kompetent, lebensfroh und -erfahren, voller Power oder mit beseeltem Lächeln. Sie wissen augenscheinlich, wie man das Leben richtig anpackt, wie man eine optimierte Version von sich schafft.

Was den Leser und die Leserin erwartet

Die Vision hinter der Selbstoptimierung ist grundsätzlich positiv: Wir können unser Schicksal in die eigene Hand nehmen und Dinge zum Besseren wenden. Mit der Selbstoptimierung schwingt aber auch die Idee mit, dass wir uns das Leben immer so richten können, wie wir es wünschen. Ein riesiger Glücksmarkt rund um die persönliche Entwicklung verspricht ein Leben, in dem wir uns ausschließlich wohlfühlen und mit uns im Reinen sind. Was davon abweicht, wirkt plötzlich therapiebedürftig, vorläufig, schal, als kleiner Wurf, nicht als Teil des Lebens mit all seinen Kompromissen, Licht- und Schattenseiten. Das ist vielleicht die größte Gefahr solcher Optimierungsversprechen: Sie kultivieren ein Gefühl der Unzulänglichkeit und nähren mit Bildern von einem perfekten Leben unrealistische Erwartungen.

Wir alle haben unsere Geschichte, Möglichkeiten und Einschränkungen. Wir sind zerbrechlich und vergänglich: Wir sind jung, bis wir es nicht mehr sind. Wir sind gesund, bis wir es nicht mehr sind. Wir sind mit lieben Menschen zusammen, bis wir es nicht mehr sind. Wir besitzen etwas, das für uns wertvoll ist, bis wir es nicht mehr haben. Wir erfahren Freude und unentrinnbar auch Leid. Die Beliebtheit für schnelle Lösungen etwa in Form von »10 Tipps für ...« zeigt, dass es uns manchmal verdammt schwerfällt, das Leben mit all seinen Schattierungen anzunehmen. Es ist ein Lebensweg, der Engagement, Mut und Selbstüberwindung verlangt und damit jene Bedingungen schafft, aus denen etwas ganz Neues, Anderes erwachsen kann. Auch das könnte man als Optimierung begreifen: sich auf all diese Erfahrungen einzulassen, sie als Teil der Lebensfülle zu erkennen und anzunehmen. Wir können auf diesem Weg unsere ganz individuelle Antwort auf das Leben finden.

Eingangs möchte ich diesem Kerngedanken weiter nachgehen. Nachdem es bei der Selbstoptimierung immer um Veränderung geht – welche Erfahrungen machen Menschen in ihrem Bemühen, etwas oder sich zu verändern? Inwiefern glücken oder scheitern diese Versuche? Es ist eine Annäherung an das Thema Selbstoptimierung auf Umwegen. Danach kläre ich, was Selbstoptimierung genau bedeutet und ob es sich um ein ganz neues Phänomen handelt. Anschließend zeige ich, welche gesellschaftlichen und ökonomischen Entwicklungen heute die Selbstoptimierung antreiben und unser Denken beeinflussen. Drei große Ängste unserer Zeit, die die Selbstoptimierung beeinflussen, hebe ich besonders hervor. Der Blick wandert dann von der gesellschaftlichen Ebene auf die individuelle Ebene: Was bedeutet Persönlichkeitsentwicklung und inwiefern ist es möglich, unsere Persönlichkeit zu ändern sprich zu optimieren? Es folgen Beispiele für Selbstoptimierungsangebote im Bereich der Persönlichkeitsentwicklung, die Glück und Erfolg als »marktförmige Produkte« verkaufen. Als Kontrast dazu beschreibe ich im nächsten Kapitel, wie vielschichtig Erfahrungen von Glück sind und warum auch negative Gefühle positiv und nützlich sind.

Mit diesen Ergebnissen fasse ich positive Aspekte der Selbstoptimierung sowie wesentliche Kritikpunkte am Optimierungsdenken im Bereich der Persönlichkeitsentwicklung zusammen und zeige, warum Selbstoptimierung auch paradoxe Effekte haben kann. Dann ist es Zeit für ein Resümee.

Aus meiner Schulzeit ist mir noch ein Brief des Dichters Heinrich von Kleist in Erinnerung. Kleist hat sich 1811 mit 34 Jahren das Leben genommen, nachdem ihm »auf Erden nicht mehr zu helfen war«, wie er seiner Schwester am Morgen seines Todes mitteilte. Zehn Jahre zuvor schrieb er seiner Verlobten von einer Erkenntniskrise, nachdem er sich mit der Philosophie Immanuel Kants auseinandergesetzt hatte. Er fragte sich: Sehen wir die Welt so, wie sie ist, richtig? »Wenn alle Menschen statt der Augen grüne Gläser hätten, so würden sie urteilen müssen, die Gegenstände, welche sie dadurch erblicken, sind grün – und nie würden sie entscheiden können, ob ihr Auge ihnen die Dinge zeigt, wie sie sind, oder ob es nur so erscheint.«[34] Wir alle erleben unser Leben durch bunte Gläser, die aus unserer spezifischen Persönlichkeit und Geschichte gemacht sind. Genauso unterschiedlich kann die Sichtweise auf Möglichkeiten und Grenzen der Selbstoptimierung ausfallen. Das Buch soll dabei helfen, die eigenen Erfahrungen mit der Selbstoptimierung besser einzuordnen und zu verstehen. Mehr noch ist Kleists Gedanke für mich aber ein Bild dafür, dass es verfehlt ist, flächendeckend mentale Selbstoptimierung in Form von positiven Appellen und Handlungsanweisungen zu verschreiben, ohne dabei vom konkreten Menschen und seinen Erfahrungen auszugehen und sich zu fragen, was Verbesserung da, wo dieser Mensch steht, konkret bedeuten kann.

Erste Annäherungen an das Thema und ein bisschen Philosophie

Die ganze Vielfalt des Lebens, der ganze Reiz, die ganze Schönheit des Lebens besteht aus Licht und Schatten.
Leo Tolstoi, »Anna Karenina«

Du sagst, du willst mir einen Rat geben? Hast du dir denn schon selbst einen Rat erteilt? Hast du deine Probleme denn schon gelöst? Hast du daher Zeit, anderen Leuten Hilfestellung zu geben? Ich würde mich hüten, andere zu behandeln, wenn ich selbst krank bin. Wir reden hier wie zwei, die im selben Krankenzimmer liegen, über unsere Krankheit und tauschen uns über die passende Kur aus. Also hör mir zu, als würde ich zu mir selbst sprechen.
Seneca

In William Somerset Maughams faszinierendem Roman *Auf Messers Schneide* (1944) ist der Held der Geschichte der junge Amerikaner Larry Darrell. Zurückgekehrt aus dem Ersten Weltkrieg, verzichtet er darauf, in den Roaring Twenties Karriere zu machen, wie es seine Verlobte Isabel erhofft. Er begibt sich stattdessen auf eine Sinnsuche, die ihn in Bibliotheken und auf andere Kontinente führt. Isabel heiratet Larrys Freund Gray, doch so ganz los kommt sie nicht von ihm.

Im Gespräch mit dem Ich-Erzähler beklagt Isabel, dass Larry alles mache, nur keine »praktischen Dinge«. Darauf der Ich-Erzähler: »Kann irgend etwas auf der Welt praktischer sein, als zu lernen, wie man am vorteilhaftesten leben soll?«[35]

Wie lebe ich also am vorteilhaftesten? Es ist keine Frage, die wir zu einem bestimmten Zeitpunkt im Leben auflösen, sondern die uns durch unsere wechselhaften Lebensumstände begleitet. Dabei prasseln unaufhörlich Stimmen, Informationen, Ratschläge und Wertungen auf uns ein. Es ist ein Dauerrauschen, von dem man sich berieseln, inspirieren und schnell auch verwirren lassen kann. Wir stecken aber mit unserem Charakter, unserer Geschichte und unserer Art, auf das Leben zu reagieren, in einem sehr konkreten Leben. Konkret erleben wir, dass die vielen tatsächlichen oder vermeintlichen Lebensklugheiten nur an der Oberfläche kratzen. Ich kann nichts davon verinnerlichen, wie bei einem Update, das man einem Computer gibt. Wenn ich den Blick über die Bücher in meinem Buchregal schweifen lasse, scheint es, als könnte ich bereits bemerkenswert lebensklug sein durch all das Wissen, das sich hier findet. Es ist leider nicht so einfach. Der Mensch ist schwer, wie es der Philosoph Camille de Toledo ausdrückt.[36]

Leben auf schwankendem Grund

Hermann Hesse, dessen Romane bei allen Komplikationen, die sie zum Gegenstand haben, immer auf der Suche nach versöhnlichen Gedanken und therapeutischen Auflösungen sind, hat einmal in seinem Tagebuch notiert: »Im Grunde kann ich, wenn ein armer Mensch mir seine Geschichte erzählt hat, eigentlich nichts andres sagen als: Ja, das ist traurig, so traurig ist das Leben oft, ich weiß es, es ist mir auch so gegangen. (...) Stattdessen versuche ich, meine Trostgründe und Lebensweisheiten aufzuführen, und wenn ich auch wirklich einige Wahrheiten weiß, so sind sie doch alle im Augenblick, wo man sie laut ausspricht und sie als Medizin gegen einen tatsächlichen, aktuellen Schmerz verzapft, ein wenig theoretisch und leer, und plötzlich kommt man sich vor wie ein Pfarrer, der mit gewohnten Sprüchen seine Leute tröstet und dabei das elende Gefühl hat, etwas Handwerksmäßiges zu tun.«[37]

Zwar ist es ein populäres Sprachbild zu sagen, wir blicken »in uns hinein«. Doch unser Innenleben ist kein Raum, den wir einfach betreten und anschauen können, um uns irgendwann einmal vollkommen zu durchschauen. Oft tun wir uns schwer, uns selbst zu verstehen. Immer wieder schlagen wir uns mit einem Wirrwarr widersprüchlicher Regungen herum. Nochmals der Menschenbeobachter Maugham: »An den Menschen hat mich vor allem ihre Widersprüchlichkeit fasziniert. Ich habe keinen einzigen Menschen kennengelernt, der aus einem Guss war. Es hat mich mit Staunen erfüllt, dass in ein und derselben Person die widersprüchlichsten Züge existieren und trotzdem ein plausibles Ganzes ergeben konnten.«[38]

Wer einen Persönlichkeitstest ausfüllt, kann sich bei vielen Fragen denken: Es kommt darauf an. Auf die Situation, den Lebensbereich, das Thema. Wir kennen wenige Menschen wirklich gut und würden überrascht sein, wenn wir all die unbekannten, verborgenen Seiten von ihnen sehen würden. In den Augen des Schriftstellers Paul Auster ist jeder Mensch ein Spektrum. Den größten Teil unseres Lebens würden wir in der Mitte verbringen, »aber es gibt Augenblicke, in denen wir zu den Außenrändern abdriften, und je nach Situation, abhängig von Stimmung, Alter und äußeren Umständen, wechseln wir auf dieser Skala die Farbe«.[39] Wir haben zwar viele einigermaßen feste Überzeugungen, Muster und Gewohnheiten, aber auch schwankende Gefühle, die sich immer wieder verändern, wie wir etwas wahrnehmen, bewerten oder erinnern. Wer sich die Mühe macht, ein Tagebuch zu führen, neudeutsch heißt es

»Journaling«, kann mit Gewinn seinem mäandernden Bewusstsein über längere Zeitabschnitte folgen. Schreiben ordnet die Gedanken, verleiht dem Geschehenen eine zusätzliche Lebendigkeit und schafft zugleich eine Distanz dazu. Schreiben verlängert unser Leben, wenn auch nur nach hinten, wie Umberto Eco es ausdrückte.[40] Im Rückblick finden wir oft, dass unsere gegenwärtigen Erinnerungen davon abweichen, wie wir etwas konkret erlebt haben. Wir können eine vergangene Zeit als eher negativ einschätzen, obwohl wir häufiger als gedacht eigentlich gute Tage hatten. Oder wir erkennen, dass wir etwas weniger glücklich erlebt haben, als wir es später erinnern. Im Nachhinein sieht vieles besser aus, als es tatsächlich war.

Wie wir die Welt erleben, hängt an wechselnden Umständen, unter anderem, mit wem wir zusammen sind, worüber wir mit jemandem reden, in welcher Stimmung wir sind oder wie gesund wir uns fühlen. Es ist wie mit diesem bunten Zauberwürfel in der Hand, unser Leben als Drehpuzzle, das immer neue Farbkombinationen oder auch »Seinszustände« hervorbringt. Es ist beständig dasselbe Leben. Was uns Probleme macht, kann gleichzeitig etwas hervorbringen, das wir als erfüllend erleben. Unglücksfälle können zu tiefen Erlebnissen und neuen Erfahrungen führen, können Risse in Mauern bringen, die zuvor starr und unverrückbar schienen. Das Leben ist nicht eindeutig. Wir kennen Geschichten von Menschen, die sagen, sie haben durch einen Schicksalsschlag etwas gewonnen. Menschen, die auf einen Lebensabschnitt zurückblicken, der alles andere als einfach und glücklich war, aber in dem Augenblick, in dem sie darauf zurückblicken, schwingt so etwas wie Glück mit, das Glück, es geschafft, »das Beste« daraus gemacht zu haben. Was wir lernen und worin Menschen richtig gut sein können, ist, Perspektiven auf Umstände zu ändern, die wir nicht ändern können. Der Psychologe Daniel Gilbert spitzt den Gedanken noch zu: Wir machen erst dann das Beste aus unserem Schicksal, wenn es unausweichlich ist und wir ihm nicht entkommen können.[41]

So können wir den Zauberwürfel in unserer Hand drehen, andere Dinge wahrnehmen, Dinge anders wahrnehmen. Alles, was passiert ist, hat uns dahin geführt, wo wir heute stehen. Meist ist die Bilanz gemischt. Der Schriftsteller Henry Miller sagte einmal über sich: »Ich mag keine Perfektion. Ich will immer mit mir selbst in Konflikt bleiben. (…) Ich mache gern Fehler und stecke auch gerne Niederlagen ein. Etwas bleibt immer dabei übrig – man ist immer etwas reicher. Und in dieser beständigen Bereicherung liegt eben die Weisheit. Dass man ins volle Leben geht.«[42] So hat er an seinem Zauberwürfel gedreht und für sich immer neue Perspektiven gefunden. Was uns zusammenhält, ist eine innere Erzählung, die sich wandelt, die wir im Auf und Ab des Lebens fortwährend umschreiben.

Das glatte Leben

Im Unterschied zu diesem holprigen Untergrund wird uns in weiten Teilen des Selbsthilfe- und Persönlichkeitsentwicklungsmarktes ein »glattes Leben« vorgeführt. Das ist ein Begriff des Philosophen Byung-Chul Han. Ich assoziiere damit die schattenlose, widerspruchs- und konfliktfreie Welt der Werbung oder des Selbsthilfemarktes ebenso wie die neudeutsche Rede vom richtigen »Mindset«, die Dominanz der »positiven Einstellung« oder die Erzählung von der »Krise als Chance«, die nach einem weitverbreiteten Drehbuch am Beginn eines persönlichen Erfolgsweges steht, der dann »alles« änderte. »Negative«, sprich unangenehme Gefühle sind in diesem Diskurs zwar wichtig, aber meist nur als etwas, das transformiert wird, indem »Blockaden gelöst«, »falsche Glaubenssätze« überwunden oder Gedanken neu »programmiert« werden. In diesem aufgeräumten Lebensentwurf bleibt nichts Unbegreifliches, Unerwartetes, Dunkles, Chaotisches, Exzessives mehr übrig. Dazu passt auch der Boom der

Neurologie als populäre gesellschaftliche Erklärungsinstanz, etwa in der Person von Gerald Hüther, der breitenwirksam die Wunder der Potenzialentfaltung und Ratschläge zu einem erfüllten Leben vermittelt. Begriffe wie der Frontallappen oder der präfrontale Cortex sind uns schon reichlich vertraut. Auch wenn wir nichts Näheres über diese Areale wissen, ist uns allen klar, sie müssen fleißig aktiviert und mit der Gießkanne positiver Gedanken zum Wachsen gebracht werden (»Dünger für das Gehirn«). Alain Ehrenberg nennt es eines der mächtigsten Ideale unserer Gesellschaft: das fähige Individuum, das verborgene Potenziale aus sich schöpfen kann.[43] Es ist ein zweischneidiges Ideal, wie ich zeigen möchte.

»You can make it, if you try«

Im Jahr 2008 tauchte Barack Obama fast aus dem Nichts als Präsidentschaftskandidat der Demokraten auf. Er besaß eine außergewöhnliche rhetorische Gabe, mit der er Menschen begeistern und mitnehmen konnte. Im November 2020 interviewte ihn Markus Lanz für das deutsche Fernsehen. Während Lanz nervös und ehrfürchtig wirkte, zeigte sich Obama gewohnt cool, rhetorisch versiert, souverän. Der Anlass des Interviews war zum einen der Wahlsieg seines ehemaligen Vizes Joe Biden bei der Präsidentschaftswahl, zum anderen das Erscheinen seiner Autobiografie. Über seine Zeit als Student schreibt Obama darin, sein Tagebuch würde eine »ziemlich genaue Chronik« seiner Unzulänglichkeiten liefern. »Statt aktiv zu werden, betrieb ich Nabelschau. Ich war zurückhaltend, wenn nicht sogar schüchtern, was womöglich von meiner Kindheit auf Hawaii und in Indonesien herrührte, vielleicht aber auch an einer tiefen Verunsicherung lag. An der Angst, zurückgewiesen zu werden oder dumm dazustehen. Vielleicht war es auch schlicht und ergreifend Trägheit.«[44] Viele kennen diesen Hang, über Unzulänglichkeiten zu grübeln. Oft können wir etwas nur reflektieren und bemängeln, ohne unmittelbar etwas daran ändern zu können. Obama berichtete weiter, dass er seine Schwächen mit einem »strengen Programm zur Selbstoptimierung auszutreiben« versuchte, das er bis heute nicht ganz aufgegeben habe. Er lebte den »amerikanischen Traum«. Seine Autobiografie trägt passend dazu den Titel *Das verheißene Land*. Gibt es dieses Land wirklich? Für den Philosophen Michael Sandel verkörpert Obama einen Widerspruch zwischen Verheißung und Realität, der in den USA in den letzten Jahrzehnten immer deutlicher wurde. Er hat nachgerechnet, dass Obama in seinen Reden mehr als 140 Mal den Satz »You can make it, if you try« verwendet hat. Das klingt erstmal gut und motivierend. Obama ist der lebende Beweis dafür, was alles möglich ist. Das heißt im Umkehrschluss, wer unten herumgrundelt, ist entweder unbegabt oder hat nicht hart genug probiert, nach oben zu kommen. Diese Erzählung, kritisiert Sandel, geht völlig an der Wirklichkeit in den USA vorbei, die von starker Ungleichheit, schwacher sozialer Mobilität und dramatisch ungleichen Chancen gekennzeichnet ist. Die Beschwörung der endlosen Potenziale wird leicht zur Demütigung. Donald Trump konnte das für sich nutzen. Um das Unbehagen an der Selbstoptimierung zu begreifen, ist der gesellschaftliche Kontext wichtig. Dazu später mehr.

Der Sinn für den Neuanfang

In einem buddhistischen Zentrum fand ich einen Spruch an der Wand, der den Menschen an die Unbeständigkeit der Dinge und seine eigene Sterblichkeit erinnern soll: »Geburt und Tod sind eine große Angelegenheit. Vergeude keinen Tag – die Zeit fliegt rasch wie ein Pfeil und wartet auf niemanden. Sei achtsam und nicht träge.« Am Eingang von Friedhöfen sieht man häufig diese ebenso einprägsame Erinnerung: »Was ihr seid, das waren wir. Was wir sind, das werdet ihr.« Im Jahr 2020 erlitt der Sozialpsychologe Harald Welzer einen Herzinfarkt und kam gerade noch mit seinem Leben davon. Ihn beschäftigte in der Folge der Gedanke, dass unsere moderne Gesellschaft kein Verhältnis zum Tod und damit zur Endlichkeit hat. Das zeige sich im »Weltverbrauch«, der unsere Lebens- und Wirtschaftsweise präge, wie auch in der Tatsache, dass wir nach Möglichkeit darüber hinwegsehen, dass es mit unserem Leben irgendwann vorbei sein wird. Er rät, noch zu Lebzeiten unseren eigenen Nachruf zu schreiben. Dieser sei ein »Call to action« auf ein zu lebendes Leben. Ziel müsse es sein, das Leben individuell und gesellschaftlich nach der Maßgabe dessen zu gestalten, wer und wie wir gewesen sein wollen.[45] Sein Buch heißt: *Nachruf auf mich selbst.*

Wie gut gelingt es uns, so zu leben, wie wir gelebt haben wollen? Inwiefern schaffen wir es, uns bewusst zu verändern, sprich zu verbessern? Wir scheinen uns darüber selbst nicht ganz im Klaren zu sein. Der Schauspieler Nicholas Ofczarek überlegte in einem Interview: »Man geht ja viele Umwege im Leben und hat seine Katastrophen. Die verändern einen, auf eine gewisse Art und Weise bleibt aber alles beim Alten. Das hat auch eine Komik. Menschen mögen grundsätzlich keine Veränderung, die meisten haben sogar Angst davor. (…) Ich selbst wünsche mir manchmal Veränderung und habe Angst davor. Gleichzeitig merke ich, trotz allem bleibe ich der Alte. Oder auch nicht.«[46]

In Tolstois Roman *Anna Karenina* (1877/78) sinniert Lewin, ein Freund von Stepan Oblonskij, dem Bruder von Anna Karenina, über dieses Spannungsfeld:

> »Das Arbeitszimmer wurde dank der hereingebrachten Kerze langsam hell. Die vertrauten Dinge kamen zu Vorschein: die Hirschgeweihe, die Bücherregale, die Kachelwand des Ofens mit dem Abzug, der längst hätte repariert werden müssen, das väterliche Sofa, der große Schreibtisch, darauf ein aufgeschla-

genes Buch, ein kaputter Aschenbecher und ein Heft mit seinen Schriftzügen. Als er das alles sah, kamen ihm einen Moment Zweifel, ob es möglich wäre, jenes neue Leben einzurichten, von dem er unentwegt geträumt hatte. Wie wenn all diese Spuren seines Lebens ihn umringten und ihm sagten: ›Nein, du entkommst uns nicht, du wirst kein anderer, sondern wirst sein, wie du gewesen bist: zweifelnd, ewig unzufrieden mit dir selbst, mit unnützen Besserungsversuchen und Rückfällen und ewigem Warten auf ein Glück, das sich nicht einstellt und dir nicht möglich ist.‹ Das sagten zwar seine Gegenstände, eine andere Stimme in seinem Inneren sagte jedoch, man dürfe sich nicht der Vergangenheit unterwerfen, und aus sich selbst könne man alles machen. Dieser Stimme gehorchte er, ging in die Ecke, wo er zwei pudschwere Hanteln stehen hatte, und begann sie zur Leibesübung zu stemmen, um sich in einen frischen Zustand zu versetzen.«[47]

Lewin schafft es nach einer Achterbahnfahrt der Ereignisse, sich mit der von ihm angehimmelten Kitty, die ihn erst verschmäht und schließlich doch heiratet, ein stimmiges Leben einzurichten. Andere Protagonisten im Roman sind weniger erfolgreich in ihrem Bemühen, sich aus den Verstrickungen ihrer Umstände zu lösen, allen voran Anna Karenina, die sich am Ende in ihrer Verzweiflung vor einen Zug wirft.

Wie Tolstoi ist der Schriftsteller Jonathan Franzen ein Meister darin, in seinen Romanen Figuren mit einer komplexen Gedanken- und Gefühlswelt zu entwerfen. In einem Gespräch über seinen Roman *Crossroads* wird er gefragt, ob Charaktere sich ändern könnten. Er erwähnt, einmal bei einer Therapeutin gewesen zu sein. Sie habe gesagt, ihrer Erfahrung nach sei es schwierig, sich zu ändern. Die meisten Menschen änderten sich gar nicht. Wer wirklich daran arbeite, könne sich ein bisschen ändern. Dieses Bisschen sei das Interessante. Ein Roman sei analog dazu zufriedenstellend, wenn man fühle, dass sich etwas im Laufe der Erzählung verändert habe. Er müsse als Schriftsteller an die Möglichkeit glauben, dass Charaktere, die bestimmte Erfahrungen durchlaufen, an einem etwas anderen Platz enden und Entscheidungen treffen oder Dinge tun, die sie ohne diese Erfahrungen vielleicht nicht getan hätten. Das größere Projekt der Literatur würde aber der Auffassung anhängen, dass die Menschen, auch wenn sich Einzelne ein bisschen ändern könnten, im Großen und Ganzen die alten blieben.[48] Über sich selbst sagt er: »Ich bin immer noch gleichzeitig ein Süchtiger mit Reptilienhirn, ein Bedenkträger in Sachen Gesundheit, ein ewiger Teenager, ein Depressiver, der sich selbst medikamentiert. Was sich ändert, wenn ich mir Zeit nehme innezuhalten, um mir klar über mich selbst zu werden, ist dies: dass meine auf einer Vielzahl von Ichs beruhende Identität *Substanz* gewinnt.«[49]

Es ist eine eigentlich unbedeutende Episode, aber sie blieb mir – nur nebulös – in Erinnerung: Als ich vor vielen Jahren in Regensburg an einem grauen, kalten Tag im Jänner am Dom vorbeikam, ging ich spontan hinein. Es lief gerade eine Messe. Ich blieb für einige Minuten. Der Pfarrer sagte etwas wie: »Herr, lass uns heute, wenigstens heute …« Ich fand diese Anrufung, etwas »wenigstens heute« zu tun, berührend, weil sie einerseits die menschliche Vergeblichkeit, andererseits den Sinn für den Neuanfang so schön ausdrückte. Darin steckt eine Demut ohne Resignation. Sie erkennt zwar, dass wir das Leben nie ganz im Griff haben und immer wieder scheitern. Aber sie birgt auch ein Sensorium dafür, das Leben neu aufzunehmen: einem Tag offenherziger zu beginnen, etwas zu vergessen, etwas zu korrigieren, aufs Neue zu beginnen. Der Benediktiner-Mönch David Steindl-Rast bringt diese kleinen Erfahrungen des Neubeginns mit dem Gedanken der Dankbarkeit zusammen: »Dankbar heißt im Augenblick leben. Das macht Dankbarkeit zu einer spirituellen Praxis. Denn jede spirituelle Praxis will erreichen, dass du hinhorchst, welche Gelegenheit dir das Leben genau jetzt bietet. Du erweist dich dankbar, indem du diese Gelegenheit annimmst und etwas daraus machst.«[50]

Gedanken zur Conditio humana

Ich möchte abschließend in diesem Kapitel einige Gedanken aus dem Buch *How to Deal with Adversity* (»Wie man mit Widrigkeiten fertig wird«) vorstellen. Geschrieben hat es der Philosoph Christopher Hamilton. Er beginnt damit, die Widrigkeiten des Lebens zu skizzieren. Wir alle kennen Erfahrungen von Verlust, Scheitern, Enttäuschung, Vergeblichkeit und Schmerz. Diese Erfahrungen sind in irgendeiner Form unvermeidlicher Bestandteil des Lebens. Im Vergleich zu früher oder zu anderen Teilen der Erde sind in unserer mitteleuropäischen Gesellschaft viele Grundbedürfnisse abgedeckt. Allerdings sind die Ressourcen nicht nur ungleich verteilt, sondern auch endlich. Menschen befinden sich im Wettbewerb um Einkommen, Besitz, Karrieren, Ansehen oder Status. Sie sind sowohl körperlich als auch seelisch verwundbar. Für die seelische Verletzlichkeit nennt Hamilton zwei wesentliche Gründe.

Der erste Grund hat mit unserer Vorstellungskraft zu tun, die permanent in Bewegung ist. Sie zeigt sich in unseren Ambitionen, Plänen, Wünschen und Zielen. Unser Geist ist hungrig und verlangt immer nach etwas Neuem. Wir befriedigen ihn, indem wir etwas kaufen, reisen, Freunde besuchen, eine Karriere verfolgen oder etwas lernen. Wenn wir unsere Ziele erreicht haben, suchen wir neue: Wir wollen mehr desselben oder etwas anderes oder beides. Positiv daran ist, dass wir so unsere Zukunft gestalten und uns gegen die Unannehmlichkeiten des Lebens schützen können. Aber unsere Wünsche besitzen ein Eigenleben. Wir besitzen sie, aber sie besitzen auch uns. Unser hungriger Geist schafft auch jede Menge unangenehmer Gefühle, etwa wenn wir uns mit anderen vergleichen oder Neid empfinden. Er bringt uns also mit großer Wahrscheinlichkeit in Konflikt mit anderen.

Der zweite Grund für unsere Verletzlichkeit liegt darin, dass Menschen tiefe existenzielle Leere spüren können. Natürlich unterscheiden sich Menschen darin, wie offen oder anfällig sie für solche Erfahrungen sind und wie sie damit umgehen. Aber fremd sind sie niemandem. Sie zeigen sich in unserer Rastlosigkeit und unserem Streben, unser Leben beständig mit etwas zu füllen. Das beste Beispiel dafür ist heute das Smartphone, das unseren Geist zerstreut und zugleich ständig auffüllt. Unentwegt überbrücken wir die »leere« Zeit mit einem Blick auf das Handy. Grundsätzlich ist das Leben dem Einzelnen gegenüber stumm und gleichgültig. Wir versuchen daher auf unterschiedlichen Wegen, dass die Welt uns antwortet, dass wir sie zu unserer Welt machen und mit Sinn erfüllen.

Wir Menschen haben immer wieder neue Möglichkeiten und Techniken ersonnen, um dieser Grundkonstitution und den daraus entstehenden Konflikten zu entkommen. In erster Linie sieht sich die Religion dafür zuständig. Sie gibt Halt im Leben und die Hoffnung auf ein besseres, ewiges Leben. Heute haben viele Menschen diesen Glauben verloren. Als Ersatz dienen neue Ideale, mit denen wir versuchen, unserem existenziell ungenügenden Zustand zu entfliehen. Die menschliche Natur zu akzeptieren, bedeutet demnach, auch zu akzeptieren, dass wir versuchen, ihr zu entkommen. Zugleich müssen wir erkennen, dass sich die Welt unserer Kontrolle entzieht und vieles Zufall und nicht unsere Entscheidung ist. Niemand von uns hat entschieden, zu dieser Zeit an diesem Ort oder mit dieser Persönlichkeit auf die Welt zu kommen. Wir treffen zufällig auf Menschen, auf Schwierigkeiten, auf Gelegenheiten. Wir haben es nicht in unserer Hand, welche Krankheiten uns treffen. Wir sind Teil einer Welt, in der die Dinge im Unterschied zu unseren Idealvorstellungen eingetrübt sind. Wir sind zerbrechlich und sterblich. Wir können den Widrigkeiten des Lebens niemals ganz entkommen. Das ist für Hamilton kein Grund zu verzweifeln. Die Dinge realistisch zu sehen, ist der erste Schritt, sie zu verändern. Auch wenn die Dinge nie ganz so sein werden, wie wir sie haben wollen, können wir sie auf jeden Fall verbessern.[51]

Das bestmögliche Leben?

Es ist beinahe rührend zu lesen, wie der 2015 verstorbene Neurologe und Geschichtenerzähler Oliver Sacks in seiner Autobiografie berichtet, dass er in seinem siebenundsiebzigsten Lebensjahr zum ersten Mal eine richtige Beziehung einging und diese »fast geologische Veränderungen« in seinen Alltag brachte.[52] Zugleich sind da immer Dinge, die sich nicht wirklich bewegen, die einen Teil davon ausmachen, wer wir sind. So bedauerte Sacks mit achtzig Jahren, dass er noch genauso schüchtern sei wie mit zwanzig.[53] Wenn es um Selbstoptimierung geht, heißt es immer wieder: Sei die beste Version deiner selbst. Ähnlich wie beim »wahren Ich« (das suggeriert, ich sei noch irgendwie unwirklich, nicht »ich selbst«) ist dieses Ideal schwer mit dem konkreten Leben zu verknüpfen. Wenn es mir gelingt, etwas zu verbessern, indem ich etwas lerne, anfange oder aufhöre: Wie weit weg bin ich dann noch von meiner besten Version? Diese Frage fühlt sich abstrakt und alltagsfern an. Es wird nie ein Lämpchen grün leuchten, damit ich erkenne, wann ich die beste Version meiner selbst bin.

Diese Idee passt zu einem Filmklassiker: In *Und täglich grüßt das Murmeltier* spielt Billy Murray den misanthropischen Reporter Phil, der in einem kleinen verschneiten Ort immer wieder am Morgen desselben Tages aufwacht, ohne dass er etwas dagegen tun kann. Nach einer anfänglichen Verzweiflung gewinnt er Interesse an seiner Kollegin Rita. Er versucht, sie innerhalb eines Tages zu erobern, denn er hat ja nur einen Tag Zeit, bevor wieder alles von vorne beginnt. Fortwährend scheitert er und leistet sich einen Fauxpas nach dem anderen. Jeden Tag versucht er aufs Neue, die Fettnäpfchen vom vorhergehenden auszubessern, indem er genau das sagt und macht, wovon er glaubt, dass es ihr Herz erreicht. Wir aber können nicht immer wieder von vorne anfangen, um das »bestmögliche Resultat« zu erzielen. Und auch Phil muss erkennen, dass ein Tag selbst mit der perfekten Planung zu kurz ist, um seine Angebetete ins Bett zu bekommen. Erst als er aufhört, es zu wollen, und sich stattdessen um andere Dinge mit zunehmender Meisterschaft kümmert, gewinnt er – so endet das Märchen – Rita doch noch und sie wachen gemeinsam am darauffolgenden Morgen auf. Er hat sein Ziel also auf indirekte Weise erreicht.

Wie der Alltag von Rita und Phil an den folgenden neuen Morgen aussieht, erfahren wir nicht. Sie würden jedenfalls wieder in einer Welt sein, die der ähnelt, wie Hamilton sie beschreibt, eben nicht perfekt. Hamiltons Zugang eröffnet Möglichkeiten, wie man sich in einem produktiven Sinn zur Welt verhalten kann und zugleich realistisch bleibt, was die eigenen Möglichkeiten betrifft. Wenn Freud sagt, man solle nicht alles Glück von einer Sache erwarten, so gilt das auch für die Selbstoptimierung. Und sie bewahrt uns nicht vor der Frage, die, ob klein oder groß, sich uns stellt: Wie »manage« ich Probleme, die ich nicht lösen kann?

Was bedeutet Selbstoptimierung?

Optimum ist lateinisch der Superlativ von *bonus*, gut – also das Beste. Als Optimierung bezeichnet man die Suche nach dem besten erreichbaren Resultat unter gegebenen Voraus- und Zielsetzungen. Wer sich optimieren will, will nicht nur besser werden, sondern so gut wie möglich. Sinnverwandt mit »Verbesserung«, geht Selbstoptimierung allerdings über einzelne Maßnahmen hinaus. Was Selbstoptimierung auszeichnet, ist der Selbstbezug und eine Logik der Steigerung und des Überbietens.[54] Wer etwas optimiert, strebt einen – vorläufig und vergleichsweise – besten Zustand an. Darin unterscheidet sich die Optimierung von der Maximierung, die eine quantitative Logik besitzt und sich nur auf einen einzelnen Parameter bezieht: beispielsweise etwas in einem Höchstmaß nutzen oder ausschöpfen. Die Optimierung dagegen besitzt eine qualitative Logik, die mehrere Elemente umfasst und potenziell unendlich ist. Es geht darum, das bestmögliche Ergebnis zu einem gegebenen Zeitpunkt zu erreichen, unter Berücksichtigung der verfügbaren Ressourcen und vorhandenen Umstände. Selbstoptimierung zielt auf einen Mehrwert, auf die Absicherung des Status quo oder auf die Verschiebung von Grenzen. Selbstverbesserung soll »etwas bringen« und weniger in moralischer Hinsicht einen besseren Menschen hervorbringen.[55] Die Vorläufigkeit des relativ Besten trennt die Optimierung auch von der Perfektionierung, also vom Perfekten oder Vollkommenen. Als Prozessbegriff hat die Optimierung kein endgültiges Ende.[56]

Selbstoptimierung ist also ein Prozess, der Anstrengung und Ausdauer und somit eine gewisse Kontinuität verlangt und dabei auf ein schrittweise besseres oder bestmögliches Ergebnis abzielt.[57] Anja Röcke unterscheidet vier Typen selbstoptimierender Praktiken:[58]

- Befolgung spezifischer Handlungsanleitungen mit Bezug auf Körper, Psyche und die Alltagsgestaltung.
- Konsum spezifischer Stoffe wie Medikamente oder Stimulanzien. Als Graubereich gelten Nahrungsergänzungsmittel.
- Beeinflussung der körperlichen Erscheinung, vor allem durch Schönheitsoperationen. Als Graubereich gelten Training, Fitness und Ernährung.
- Technisch basierte Formen der Vermessung, Modifizierung oder Ergänzung des Körpers und der Psyche, etwa durch den Einsatz von Trackinggeräten und Prothesen oder durch genetische Eingriffe.

Enge und weite Formen der Selbstoptimierung

Es ist sinnvoll, zwischen einem engen und einem weiten Begriff von Selbstoptimierung zu unterscheiden. Im engen Sinne bezieht sich Selbstoptimierung auf technikbasierte, zumeist biomedizinische oder pharmakologische Methoden und kann mit Enhancement gleichgesetzt werden (to enhance: steigern, erhöhen). Beim Enhancement geht es aber nicht allein um quantitative Verbesserungen. Es gibt auch ein »emotionales Enhancement«, das zum Ziel hat, die Stimmung aufzuhellen und das Wohlbefinden zu verbessern. Bisweilen wird Enhancement so weit gefasst, dass es alle Veränderungen umfasst, die die Chancen auf ein gutes Leben erhöhen. Die Philosophin Dagmar Fenner findet diese Definition allerdings problematisch, weil damit medizinische Therapiemaßnahmen auch zum Enhancement gezählt würden. Zumeist wird Enhancement jedoch insofern von einer medizinisch indizierten Therapie abgegrenzt, als es beim Ersterem um Verbesserungen geht, die über ein bestimmtes Maß an »Normalität« hinausgehen.[59]

Selbstoptimierung im weiten Sinn bezieht sich auf alle Formen der Verbesserung, die Menschen ins Auge fassen, angefangen von Technologien der digitalen Selbstvermessung mittels Schrittzähler oder Pulsmesser etc. bis hin zu traditionellen Praktiken wie Bildung, Erziehung, Meditation oder Training. Optimiert werden können alle Dimensionen des Selbst: physische, psychische, soziale und geistige Zustände, bestimmte Eigenschaften, Handlungsabläufe, Arbeitsprozesse und Kompetenzen. Auf die Persönlichkeit bezogen bedeutet Selbstoptimierung, persönliche Eigenschaften, Fähigkeiten und Begabungen zu entwickeln, »das Beste« aus sich herauszuholen, indem man seine Ziele und Wünsche umsetzt. Populär ist auch die Vorstellung, einen bereits angelegten »inneren Kern« zu verwirklichen. Sich selbst zu optimieren, birgt das Versprechen, Glück und Erfolg zu erleben.[60]

Der Soziologe Hartmut Rosa bezeichnet Selbstoptimierung auch als Strategie der Weltreichweitenvergrößerung. Zunehmend Dinge verfügbar zu machen, wird mit dem Konzept des guten Lebens verknüpft. »Ich glaube, dass wir das gute Leben, das, worauf es ankommt, ganz stark in der Vermehrung von Ressourcen sehen. Die Vermehrung der Ressourcen ist nicht mehr Voraussetzung, sondern immer mehr der Inbegriff des guten Lebens selbst geworden. Der zweite Aspekt, der verstärkt in den letzten Jahrzehnten, insbesondere in den letzten Jahren, dazugekommen ist, ist eine Parametrisierung der Lebensführung. Es gibt in fast jeder Hinsicht Parameter, also quantifizierbare Einheiten. Sobald man das hat, kann man es vergleichen und optimieren.«[61]

Der Duden definiert Selbstoptimierung allgemeinsprachlich als »jemandes [übermäßige] freiwillige Anpassung an äußere Zwänge, gesellschaftliche Erwartungen oder Ideale u. Ä.«[62] Fenner bemängelt an dieser Definition den Fokus auf die Anpassung an äußere Zwänge, wie sie etwa im bekannten Terminus des »unternehmerischen Selbst« zum Ausdruck komme.[63] Selbstoptimierung gelte hier als Chiffre für die neoliberale Ökonomisierung der Lebenswelt: Sie sei es, die uns ständige Selbstoptimierung aufoktroyiert. Wenn heute jemand mit der Selbstoptimierung experimentiere, so Fenner, habe das aber nicht nur (oder weniger) mit Druck, Erfolg und Ehrgeiz zu tun, sondern ebenso (oder mehr) mit Gestaltungsfreiheit, Selbstbestimmtheit und Selbstverwirklichung. Gesellschaftliche Normen und Ideale seien auf die Anerkennung der Menschen angewiesen. Und sie würden sich auch verändern, wenn sich die gesellschaftlichen Wertvorstellungen wandelten. Auf lange Sicht mache es daher niemanden glücklich, Selbstoptimierungsziele zu verwirklichen, die von allen anderen als wertlos eingestuft und verachtet würden.[64]

Hybride Formen der Selbstoptimierung

Die Selbstoptimierungsziele haben sich im Laufe der Jahre verschoben: Neben außenorientierten Werten wie Leistungssteigerung, Produktivität und Effizienz haben innenorientierte Werte wie Gesundheit, Lebensqualität und Entspannung an Bedeutung gewonnen. Ziele wie persönliches Wachstum, inspirierende Zukunftsperspektiven und gute Beziehungen sind in den Vordergrund gerückt.[65] Hervorzuheben ist der Megatrend Gesundheit. In der Studie »Health Care« des deutschen Zukunftsinstituts finden sich rund um das Thema Gesundheit Begriffe wie Gesundheitskompetenz, Gelassenheit, ganzheitliches Gesundheitsgefühl, Gesundzufriedenheit, fließendes Gleichgewicht, geistiges Loslassen, Detoxing, Digital Detoxing, Mind Balancing, gesundzufrieden denken und handeln.[66] Von »Selbstoptimierung 2.0« oder auch »Self-Coaching«

als Synonym spricht die Trendforscherin Corinna Mühlhausen. Für die Menschen sei es heute nicht nur wichtig, gesund, sportlich und leistungsfähig zu sein, sondern auch entspannt, selbstbestimmt und glücklich. Was ihr ebenfalls auffällt: Mehr und mehr Bereiche würden von der Selbstoptimierung erfasst werden. Neben Sport gehörten heute auch Ernährung, Schlaf, Kosmetik und eine Balance von Arbeit und Freizeit dazu.[67] Die »Selbstoptimierung 2.0« besitzt freilich ebenso eine Logik der Leistungs- und Effizienzsteigerung, wo es um Techniken geht, die etwas »schnell«, »einfach« und »effektiv« verbessern sollen.

Wir sehen: Die Definition von Selbstoptimierung weist unterschiedliche Nuancen auf und die Ziele von Selbstoptimierung sind vielfältig. Damit der Begriff nicht ganz konturlos wird, muss Selbstoptimierung typische Merkmale aufweisen: ein systematisches und rationales Vorgehen, Selbstreflexion und Verbesserungen durch gezielte Rückmeldungen.[68] In der Praxis lässt es sich allerdings kaum feststellen, ab wann ein einfaches Verbessern zur Selbstoptimierung wird. Für Anja Röcke ist dennoch unstrittig, dass Selbstoptimierung ein »signifikantes gesellschaftliches Phänomen« ist, wenn man unterschiedliche Bereiche wie Schönheit, Self-Tracking usw. addiert.[69] Es überrascht daher, dass zwar viel über Selbstoptimierung geredet und geschrieben wird, es aber kaum empirische Forschung dazu gibt, wie weit verbreitet sie tatsächlich ist. Einer Umfrage aus dem Jahr 2014 zufolge hatten 61 Prozent der Deutschen bis dato weder von Selbstoptimierung gehört noch gelesen.[70] Dass Menschen den Begriff nicht kennen, bedeutet jedoch nicht, dass sie nicht mit Formen der Selbstoptimierung experimentieren.

Unklar ist außerdem, aus welchen Gründen und auf welche Weise sich Menschen in unterschiedlichen Milieus optimieren. Was daran ist Zwang, was echtes individuelles Bedürfnis? In der Realität ist, wie der Kulturwissenschafter Jörg Scheller feststellt, die hybride Selbstoptimierung die Regel, das heißt, Formen der Selbstoptimierung, die eine Effizienz- und Leistungssteigerung zum Ziel haben, mischen sich mit eigensinnigen Formen der Selbstsorge, mit Achtsamkeit, Sozialmoral oder Sinnsuche.[71] Yoga kann zur Entspannung praktiziert werden, aber auch um leistungsfähiger zu werden. Nahrungsergänzungsmittel können aus gesundheitlichen Gründen genommen werden, aber auch um leistungsfähiger zu werden. Motiv für eine Schönheitschirurgie kann ein besseres Selbstwertgefühl sein, aber auch die Aussicht auf bessere Chancen am Arbeits- oder Heiratsmarkt. Techniken der Selbstvermessung können im Sport oder in der Arbeit zur Leistungssteigerung genutzt werden, aber auch um die Gesundheit zu stärken oder Krankheiten zu behandeln.[72] Die Grenzen sind fließend, Motive überschneiden sich, und was gesellschaftlich als erstrebenswert gilt, kann sich auch aufrichtig mit eigenen Wünschen decken. Der Blick darauf sollte davor bewahren, vorschnelle Urteile zu fällen, um offen für die vielen Widersprüche und Ambivalenzen zu sein, die mit der Selbstoptimierung verbunden sind.

Selbstoptimierung ist nicht neu

[Die liberale westliche Gesellschaft] hat uns verheißen, dass wir dies werden: intensive Menschen. Oder genauer gesagt: Menschen, deren Lebenssinn in der Intensivierung aller Vitalfunktionen besteht. Die moderne Gesellschaft verspricht den Einzelnen nicht mehr ein anderes Leben oder ein seliges Jenseits, sondern lediglich das, was wir schon sind, mehr und besser.

Tristan Garcia, »Das intensive Leben«

Sichtet man die Diskussion zur Selbstoptimierung, gewinnt man den Eindruck, Selbstoptimierung sei ein ganz neues Phänomen, das das »Heute« ganz klar von einem »Gestern« abgrenzt. Gibt es diese klare Abgrenzung wirklich? Der Ausdruck Selbstoptimierung taucht erstmalig um die Mitte des 20. Jahrhunderts auf, bevor er sich um die Jahrtausendwende zunehmend verbreitet.[73] Doch bereits bei Theodor Adorno findet man den Begriff in einer Weise, wie er heute häufig als negative Wertung gebraucht wird. So monierte er 1953 über die amerikanische Kultur, Vergnügen, Genuss und Lust seien nur zu rechtfertigen, wenn sie dem »verborgenen Zweck von Erfolg und Selbst-Optimierung« dienten.[74] Es gibt demnach zumindest historische Vorläufer und Vorformen der Selbstoptimierung, deren Wurzeln man weit zurückverfolgen kann. Ich möchte mit einigen historischen Blitzlichtern den oft nur auf die Gegenwart gerichteten Blick öffnen und damit weitere Überlegungen zu Licht und Schatten der Selbstoptimierung initiieren.

Elementare Unterscheidungen von Optimierungshandlungen

Der Philosoph Charles Pépin eröffnet einen interessanten Blickwinkel darauf, wie wir Selbstvertrauen erlangen, wenn er davon schreibt, dass unser Selbstvertrauen zuerst von den anderen kommt. Wir kommen unfertig, zu früh auf die Welt. Wir sind als Neugeborene schwächer und hilfloser als jedes andere Säugetier. Ein Fohlen kann schon kurze Zeit nach seiner Geburt auf den eigenen Beinen stehen, der Mensch braucht dazu ein Jahr. Wir kompensieren dieses Manko der Natur durch Kultur: Familie, gegenseitige Hilfe, Bildung. Ohne Vertrauen in die anderen können wir nicht überleben. Vertrauen, das uns andere geben, ist ein Geschenk und wird zum Selbstvertrauen.[75] Während der Mensch »unfertig« ins Leben startet, ist er das einzige Wesen, das in seiner Entwicklung offen ist und sich an der Konstruktion seiner selbst beteiligen kann. Zugleich wächst er in eine Welt hinein, in der er an den jeweiligen Errungenschaften der kulturellen Evolution der vorangegangenen Generationen anknüpfen kann. Neben der natürlichen Umwelt gibt es immer auch eine selbsterschaffene Umwelt, die Kultur.[76] Die Frage, wie unterschiedliche Praktiken der Selbstoptimierung zu beurteilen sind, ist es daher nicht leicht zu beantworten: Was ist natürlich am Menschen, was künstlich? Der Philosoph Günther Anders brachte es auf die paradoxe Formel: »Künstlichkeit ist die Natur des Menschen und sein Wesen ist Unbeständigkeit.«[77] Im Film *Terminator – Dark Fate* (2019) wird mit dieser Frage gespielt, wenn die aus der Zukunft zum

Schutz der jungen Dani entsandte Grace gefragt wird, ob sie auch ein Terminator sei. Grace – sie ist eine Mischung aus Mensch und Cyborg – schaut verständnislos und antwortet knapp, sie sei nur ein modifizierter, ein verbesserter Mensch.

Wie Praktiken der Selbstoptimierung im Kontext der menschlichen »Plastizität« bewertet werden, hängt von individuellen Werten und Standpunkten ab, die zugleich eine politische Dimension haben. Dagmar Fenner bringt mit ihren Unterscheidungen von Selbstoptimierungshandlungen wichtige Orientierungspunkte in diese Diskussion ein.[78] Sie unterscheidet zunächst kompensatorische von progressiven Verbesserungen. Kompensatorisch sind Verbesserungen dann, wenn Eigenschaften oder Fähigkeiten unterdurchschnittlich ausgeprägt sind und auf ein »normales«, durchschnittliches Niveau in einer Gesellschaft gebracht werden. Im Grunde ist jede Therapie zur Behandlung von Krankheiten eine kompensatorische Verbesserung. Technik verschmilzt dabei immer mehr mit dem Menschen. So gelang es beispielsweise, dass ein durch eine Nervenkrankheit gelähmter Mann über ein Brain-Computer-Interface Tweets per Gedankensteuerung verfassen und so mit der Außenwelt wieder kommunizieren kann.[79] Progressive Verbesserungen trachten dagegen, über das Normalmaß hinauszugelangen. Hier ist es sinnvoll, von Enhancement, also Steigerung, zu sprechen. Enhancement ist ethisch relevanter, weil damit in größerem Maße Gerechtigkeitsprobleme oder die Gefahr eines weiteren Auseinanderdriftens der Schere in der Gesellschaft verbunden sind.

Eine weitere elementare Unterscheidung ist jene zwischen autonomen und heteronomen Verbesserungen. Im ersten Fall entscheidet man sich freiwillig für Veränderungen, im zweiten legen andere Menschen oder der Staat fest, was eine Verbesserung sein soll. Ziele und Sanktionen werden von außen gesetzt. In China lenkt ein Social-Credit-System das gesellschaftlich erwünschte Verhalten mit Anreizen und Sanktionen. Nur diejenigen, deren Daten in einem bestimmten Bereich liegen, bekommen einen Wagen, eine Wohnung, Gesundheitsleistungen etc. Mehr als 620 Millionen Kameras sind auf die Bevölkerung gerichtet, um das Verhalten der Menschen zu überwachen.[80] In dieser digitalen Diktatur gibt es kaum mehr einen Gedanken, der nicht auf den Servern von TikTok und WeChat für den Staat zur Ansicht gespeichert würde.[81] Ein sozialdemokratisches Enhancement in Form eines modernen Wohlfahrtsstaates fördert dagegen menschliche Grundgüter und -fähigkeiten und vermeidet große Nachteile für Individuen oder die Gesellschaft.

Ein weiterer Gegensatz ist der zwischen moderaten und radikalen Verbesserungen. Moderat sind Verbesserungen, wenn vorhandene Fähigkeiten oder Eigenschaften ein Stück weit verbessert werden. Radikal sind Verbesserungen, wenn es sich um Steigerungen auf Spitzenwerte handelt, die bisher noch nicht erreicht wurden und durch traditionelle Methoden des Trainings auch nicht erreicht werden können. Weiters wird zwischen intrinsischen und extrinsischen Optimierungszielen unterschieden. Intrinsische Verbesserungen tragen ihren Wert in sich, sie erfüllen einen Selbstzweck. Extrinsische Verbesserungen werden wegen äußerer Vorteile geschätzt: Belohnung, soziale Anerkennung, beruflicher Erfolg. Wenn Eigenschaften oder Fähigkeiten verbessert werden, hat das in der Regel sowohl einen intrinsischen als auch einen extrinsischen Wert. Eng verknüpft mit dem Gegensatzpaar intrinsisch/extrinsisch ist jenes der absoluten und relativen Verbesserungen. Absolute Verbesserungen haben ihren Nutzen unabhängig von einem Vergleich mit anderen. Relative Verbesserungen bestimmen ihren Nutzen durch den Vergleich. Sie haben daher Wettbewerbscharakter. Problematisch wird gesehen, dass daraus ein sozialer Druck entsteht, sich ebenfalls an Optimierungen anzupassen, um mithalten zu können. Jene, die die Veränderungen nicht wollen oder sich diese nicht leisten können, könnten in der Folge abgehängt werden.

Biokonservative vs. Bioliberale

Die Enhancement-Debatte wird meist als Gegensatz zwischen Biokonservativen und Bioliberalen dargestellt. Biokonservative stehen technologischen Methoden der Selbstoptimierung skeptisch bis ablehnend gegenüber. Sie wollen Tradition, Schöpfung und menschliche Natur bewahren und appellieren an eine Haltung der Demut gegenüber der natürlichen Ordnung. Das Leben und die eigenen Eigenschaften und Fähigkeiten sollten als Geschenk und nicht als etwas Formbares betrachtet werden. Die Endlichkeit und Unvollkommenheit des Menschen müssten grundsätzlich anerkannt werden. Neue Biotechnologien sehen Konservative eher skeptisch, häufig steht dahinter die Überzeugung, Menschen, die sich technologisch perfektionieren, wollten Gott spielen. Die Eingriffe in die menschliche Natur würden zu einer schrittweisen Erosion von gesellschaftlichen und moralischen Werten führen.

Bioliberale erkennen darin eine unnötige Dramatisierung. Sie sehen die Selbstoptimierung grundsätzlich positiv als Erweiterung ihrer Handlungsmöglichkeiten. Aus ihrer Sicht hat sich der Mensch im Laufe der biologischen und kulturellen Evolution so stark gewandelt, dass man von einer feststehenden Natur nicht reden könne. Enhancement-Methoden eröffneten neue Möglichkeiten, um unliebsame Eigenschaften und Anlagen zu verbessern, wodurch sich Wahlmöglichkeiten und damit die Chancen auf ein besseres Leben mit mehr Lebensqualität erhöhen. Bioliberale argumentieren, dass es moralisch verbindliche Obergrenzen für persönliche Ziele wie etwa der Steigerung der eigenen Leistungsfähigkeit oder die Verbesserung des seelischen Wohlbefindens im Grunde nicht geben könne. Wichtig sei lediglich die Aufklärung über Risiken und Nebenwirkungen. Das hat Bioliberalen den Vorwurf eines undifferenzierten Freiheitsverständnisses eingebracht, wenn sie Einschränkungen der Selbstoptimierung ablehnen, ohne etwa zu berücksichtigen, dass

Selbstoptimierung nicht immer freiwillig geschieht, sondern dabei subtile Formen eines sozialen Drucks wirken. Bei vielen Enhancement-Methoden gibt es zudem komplexe Kosten-Nutzen-Abwägungen. Oft würden Nebenwirkungen gewünschter Verbesserungen oder auch Nachteile Dritter nicht genügend miteinbezogen.

Noch stärker wiegt die Freiheit, nach eigenen Wertvorstellungen und Zielen zu leben, beim Transhumanismus, dessen Anhänger: innen man als radikale Bioliberale bezeichnen kann. Sie wollen mit radikalen Formen neuer Enhancement-Methoden wie Gentechnik, Informationstechnologie oder künstlicher Intelligenz sprunghafte Verbesserungen menschlicher Fähigkeiten erreichen. Gentechnik verspricht nicht nur, bestimmte Eigenschaften oder Fähigkeiten gezielt zu züchten und zu verbessern – Stichwort Designer-Babys – oder Menschen zu klonen, sondern auch die Lebenserwartung weit über das heute bekannte Maß zu steigern. Ray Kurzweil, der bekannteste Vertreter des Transhumanismus, prophezeit sogar das Ende der Sterblichkeit in den nächsten hundert Jahren. Nicht minder visionär sind Vorstellungen, die den Menschen mittels Technologien zu Cyborgs – Mensch-Maschinen-Mischwesen – verschmelzen wollen, wobei im weitesten Sinne schon eine Beinprothese oder ein Herzschrittmacher in diese Kategorie fällt. Der Unterschied ist jedoch, dass Transhumanist: innen ohne medizinische Notwendigkeit direkt in ihren Körper eingreifen, auf eine Art, die in vielen Fällen irreversibel ist. Heute tut sich ein weites Feld auf, wie der Mensch mit Technik fusioniert werden kann. Google-Gründer Larry Page, ein Anhänger Kurzweils, hat bereits konkrete Visionen eines digitalen Menschen: Weit entwickelt ist die Google-Brille, die per Sprachsteuerung Bilder und Videos machen und in Datenbanken von Google speichern kann; umgekehrt bekommt sie in Echtzeit Informationen, die auch eine biometrische Gesichtserkennung einschließen. In einem weiteren Schritt, so Page, könnte die Google-Suche in das Gehirn des Menschen integriert werden. Wenn man an etwas denke, ohne viel darüber zu wissen, würde man automatisch weitere Informationen darüber erhalten.[82] Elon Musk finanziert das Projekt Neuralink, das Menschen eines Tages mit einem Gehirnimplantat vernetzen will. Auf diesem Mikrochip sollen sich dann auch Erinnerungen aus dem Gehirn abspeichern und zu einem späteren Zeitpunkt wieder abspielen lassen. Kurzweil ist überzeugt, dass sich in wenigen Jahrzehnten das Bewusstsein des Menschen vollständig auf Maschinen übertragen lasse, wodurch dann der biologische Körper überflüssig werde. Christopher Coenen vom Karlsruher Institut für Technikfolgenabschätzung und Systemanalyse bezeichnet den Transhumanismus daher auch als eine Art von Ersatzreligion.[83]

Gegen die Macht des Schicksals: Blitzlichter alter und neuer Optimierungstechniken

Was wir nicht steuern können, was jenseits unseres Einflusses liegt, betrachten wir seit jeher als Schicksal. Die Macht des Schicksals hat jedoch im Laufe der Geschichte abgenommen. Von den Anfängen der Landwirtschaft bis hin zu den neuesten Erfindungen, die das Leben der Menschen erleichtern – überall haben die Dinge, die wir beherrschen, zugenommen. Selbst da, wo Eingriffe in das Ökosystem zerstörerisch zurückschlagen, nehmen Betroffene es nicht mehr einfach hin, sondern verlangen Vorkehrungen, Abhilfen und Entschädigungen. Dazu kommen Bildung, Medizin, Versicherungen oder soziale Sicherungssysteme, die ebenfalls individuelle Risiken reduziert haben.[84]

Dieser Geist, etwas zu beherrschen und verfügbar machen, lässt sich insbesondere in der westlichen Kulturgeschichte beobachten. Der Philosoph Steven Luper unterscheidet überhaupt nur zwischen zwei Lebensphilosophien, mit denen Menschen ihr Leben letztlich bestreiten, die östliche und die westliche. Der westliche Weg, nach Glück zu streben, läuft durch Optimierung: Wir versuchen, uns unsere Wünsche zu erfüllen, die Welt unserem Willen anzupassen. Wir wollen uns mit den Verhältnissen nicht arrangieren, sondern sie verändern. Dieser Weg bedeutet Leistungssteigerung und Fortschritt. Auf einen Wunsch folgt der nächste. Den östlichen Weg nennt er Anpassung. Wir passen unsere Wünsche den Umständen an. Wir versuchen nicht, die Umstände zu ändern, sondern ändern unsere Ansprüche, sodass diese mit der Welt, wie sie ist, möglichst übereinstimmen.[85]

Das Bewusstsein bestimmt das Sein

In der reinsten Form findet man dieses Denken im Buddhismus: Das Leben ist leidvoll. Begehren schafft Leiden. Ziel der buddhistischen Meditation ist es daher, frei von Wünschen zu werden. Ähnliche Zugänge gibt es auch in der westlichen Kulturgeschichte, etwa in der Philosophie der Stoa. Ein Schlüsselbegriff der stoischen Lebenspraxis ist die Selbstbeherrschung, die durch die Freiheit von starken Gemütsbewegungen erlangt werden soll. Wenn einmal die Dinge vertrieben sind, die uns »reizen und schrecken«, schrieb Seneca im ersten Jahrhundert nach Christus, folgt »die beständige Ruhe der Seele«.[86] Kern der antiken Glücksphilosophie ist es, Unglück nicht durch eigene Gedanken zusätzlich zu vergrößern. Nicht die Dinge selbst beunruhigen die Menschen, sondern die Meinungen und die Urteile über die Dinge, lehrte Epiktet im zweiten Jahrhundert nach Christus.

Diese stoische Lebensphilosophie findet sich im Denken der Renaissance, der Aufklärung, der viktorianischen Selbsthilfe bis hin zur heutigen Positiven Psychologie und Selbsthilfekultur. Allerdings ist die Kontrolle der eigenen Gedanken, die man durch spezielle

Techniken zu erreichen versucht, oft selbst wieder nur ein Weg, um Wünsche zu erfüllen oder die eigenen Gedanken durch Willenskraft entsprechend zu lenken, wenn etwa von der Macht der Affirmationen oder vom Neuro-Linguistischen Programmieren (NLP) die Rede ist. Mit der Kontrolle eigener Gefühle und Gedanken ist immer auch eine Geschichte des Scheiterns verbunden. So räumte schon Seneca ein, wenn er Laster beklage, so beklage er besonders seine eigenen. »Sobald ich es vermag, werde ich leben, wie es sich gehört.«[87]

Viele historische Dokumente der Neuzeit zeugen von einer intensiven Selbstbefragung, Selbstbeobachtung und einem Ethos der Selbstverbesserung. Der Renaissance-Philosoph Pico della Mirandola hielt 1486 fest: »Weder als einen Himmlischen noch als einen Irdischen habe ich dich [den Menschen] geschaffen und weder sterblich noch unsterblich dich gemacht, damit du wie ein Former und Bildner deiner selbst nach eigenem Belieben und aus eigener Macht zu der Gestalt dich ausbilden kannst, die du bevorzugst.«[88]

1733 begann Joseph Ryder, ein protestantischer Tuchhändler aus Leeds, ein Tagebuch zu schreiben, das von der richtigen Balance zwischen der rechten Lebensweise und seinem Geschäft handelt. Bis 1768 war es auf 14 000 Seiten angewachsen. Benjamin Franklin formulierte 1728 als junger Mann eine Liste von 13 vortrefflichen Charaktereigenschaften wie Bescheidenheit, Sparsamkeit, Fleiß, Entschlossenheit oder Keuschheit. In jeder Woche wollte er sich einer dieser Tugenden besonders annehmen, um so an einer erstrebenswerten Lebensführung zu arbeiten.[89] Der Schriftsteller Robert Musil stemmte in jüngeren Jahren eine Stunde pro Tag die Hanteln und machte Kniebeugen. In seinem Tagebuch notierte er jede einzelne Zigarette, die er rauchte. Wenn er mit seiner Frau geschlafen hatte, setzte er ein »C« für Coitus ins Tagebuch.[90]

In Oscar Wildes Roman *Das Bildnis des Dorian Gray* (1890) erklärt der zwielichtige Lord Henry: »Das Ziel des Lebens ist Selbstentfaltung. Seine eigene Natur vollkommen zu verwirklichen – dafür ist jeder von uns da.«[91] Das war auch die Vision des Schriftstellers Leo Tolstoi. In *Meine Beichte* (1882) schildert er seine tiefe Lebenskrise, die ihn schließlich zum christlichen Glauben brachte: »Ich versuchte mich geistig zu vervollkommnen. Ich lernte alles, was ich nur konnte und was die Gesichtspunkte betraf, die das Leben mir eröffnete. Ich versuchte, meine Willenskraft stärker zu entwickeln. Ich bildete mir Regeln, denen zu folgen ich bemüht war; ich vervollkommnete mich körperlich vermöge aller Arten von Übungen, ich entwickelte meine Kraft und meine Gewandtheit (...). All diese Reformen hielt ich für Mittel zur Vervollkommnung.« Dahinter entdeckte er »den Wunsch, besser zu sein, nicht in meinen eigenen Augen oder in denen Gottes, sondern in dem Wunsch, in den Augen der Nebenmenschen besser zu sein. Und bald wandelte sich dies Bestreben in den Wunsch, stärker zu sein als die anderen Menschen, das heißt berühmter und reicher als die anderen.«[92]

Tolstoi sah sich im Einklang mit dem Zeitgeist, »dass das Leben, wenigstens im Allgemeinen, stets vorwärts schreitet«. Sein eigener Weg, ein tugendhafter Mensch zu werden, war allerdings steinig. »Kurz und gut, es gibt nicht ein Verbrechen, das ich nicht begangen habe, und für all diese Schandtaten lobte man mich, man zählte mich und zählt mich noch unter die Zahl der relativ moralischen Menschen.«[93] Glück und Unglück, die Suche nach Sinn und Identität, das Streben, durch innere Arbeit Ordnung im eigenen Leben zu schaffen, das sind zentrale Themen im Leben und Werk von Tolstoi. Die Tagebücher Tolstois sind ein Fundus für Psychotherapeut:innen. 1852 hielt er fest: »Ich bin 24 Jahre alt; und ich habe noch nichts geleistet. Ich fühle, nicht umsonst ringe ich nun schon acht Jahre gegen Zweifel und Leidenschaften. Doch wozu bin ich bestimmt? Die Zukunft wird es weisen. Drei Schnepfen geschossen.«[94] 1855 bemerkte er: »Wie lächerlich, ich habe mit 15 Jahren angefangen, Regeln aufzuschreiben, und stelle mit etwa 30 immer noch welche auf, ohne nur eine einzige überprüft und befolgt zu haben, und trotzdem glaube ich aus irgendeinem Grund weiter daran und brauche sie, Regeln müssen moralischer und praktischer Natur sein.«[95] 1857 notierte er: »Gestern Nacht quälte mich ein plötzlicher Zweifel an allem. Auch jetzt noch sitzt dieser Zweifel in mir, wenn er mich auch nicht mehr quält. Wozu existiere ich? Und wer bin ich?«[96] Diese Frage, »die in der Seele jedes Menschen, vom einfältigen Kind bis zum weisesten Kreis« ruht, spitzte sich zwanzig Jahre später zu und brachte ihn an den Rand des Selbstmords: »Warum soll ich leben? Warum soll ich etwas tun? Oder auch so: Gibt es in der Welt ein Ziel, das nicht durch den unvermeidlichen Tod, der meiner wartet, vernichtet wird?«[97]

Der Mensch als seines Glückes Schmied

Der Historiker Philipp Blom sieht die Aufklärung insgesamt als ein Werkzeug zur Kontrolle und Optimierung des gesellschaftlichen und persönlichen Lebens: »Arbeit und Freizeit, Wohnraum und Verkehr, Sex und Unterhaltung, Bestrafung und ärztliche Behandlung – sie alle wurden der Herrschaft der vernunftorientierten Kalkulation unterworfen und aufgrund derselben Prinzipien von Angebot und Nachfrage, statistischer Analyse, bürokratischer Verwaltung und industrieller Produktivität reglementiert.«[98] Der moderne Mensch wird zum Schmied seines Glücks, er will aus sich und seinem Leben etwas machen. Ein gutes Leben heißt in säkularisierten Gesellschaften ein »reiches« Leben, in dem möglichst viel erlebt wird. Die Arbeit am Selbst, jahrhundertelang das Privileg einer kleinen Elite, wurde langsam demokratisiert. 1859, im selben Jahr, als Darwin sein Werk über die *Entstehung der Arten* veröffentlichte, erschien das Buch *Selbsthilfe* von Samuel Smiles. Er gab damit einem ganzen Genre seinen Namen. Von Beruf Journalist und Reformpolitiker, schildert er darin die Geschichten von Menschen, die es aus ärmlichen Verhältnissen durch ihren Fleiß und Willen nach oben geschafft hatten. Das Buch wurde ein Bestseller. Dale Carnegie veröffentlichte 1936 das Werk *Wie man Freunde gewinnt. Die Kunst, beliebt und einflussreich zu werden*. Er griff darin die antike Idee auf, dass man seine Welt ändern kann, wenn man seine Haltung ändert, und verknüpfte sie mit finanziellem Erfolgsdenken. Bis heute populär ist sein 1948 veröffentlichter Ratgeber *Sorge dich nicht – lebe! Die Kunst, zu einem von Ängsten und Aufregung befreiten Leben zu finden*. Carnegie erklärt darin nicht nur, wie man sich Sorgen abgewöhnt und Frieden und Glück findet, sondern auch wie man seine Geldsorgen verringert oder in wenigen Tagen seinen Trübsinn heilt. Ein weiterer Bestseller des Positiven Denkens war 1952 *Die Kraft des Positiven Denkens* von Norman Vincent Peale. Seine Kernbotschaft lautet: »Sie können vollbringen, was sie zu denken vermögen. Denken Sie also, dass Sie es können, und Sie werden es können.«[99]

Ein Pionier der modernen Selbstoptimierungstechniken war der Philosoph und Lebensberater Broder Christiansen. 1919 veröffentlichte er das Buch *Ich will – ich kann!* und nannte es »eine Schule des Willens und der Persönlichkeit«. Er stellte sich den Willen wie einen trainierbaren Muskel vor und postulierte: »Wem der Wille klar, stahlhart und wie Stahl zugleich geschmeidig ist, dem wird alles andere wie von selbst zufallen.«[100] In seinem 1929 erschienen Buch *Geschichte unserer Zeit* bettete er das Programm der Selbstoptimierung in eine verschrobene Geschichtsutopie. »Vorgestern war der Impressionismus, die Pastellfarben und die Arbeiterklasse, gestern war der Expressionismus und der Wandervogel, heute ist ›exakteste Leistung‹, Sport und neue Sachlichkeit – und morgen soll die Askese wiederkehren, die Gotik, eine ›neue feste Gottesformel‹ und eine ›männliche, ritterliche‹ Zeit.«[101] Ein weiterer weitgehend vergessener Vorläufer der Selbstoptimierung ist der Psychologe Gustav Großmann. 1927 brachte er das Buch *Sich selbst rationalisieren. Lebenserfolg ist lernbar* heraus.[102] Es gilt als Pionierwerk des Selbstmanagements, das drei zentrale Ziele verfolgt: Leistungssteigerung, bestmögliche Verwertung der erzielten Leistung (insbesondere in Form eines höheren Gehalts) und Erfolg. Erfolg bedeutete für ihn Lebensglück.[103] Er legte dar, wie man zum »Rationalisierungsfachmann« wird: Am Beginn steht die Formulierung eines Lebensziels. Das versieht man mit Jahres-, Monats- und Tagesplänen. Mit einer geordneten Ziel- und Zeitstruktur, so die Idee, können die wichtigen Wünsche von den weniger wichtigen getrennt und so das Wesentliche erreicht und gleichzeitig Freiräume für Lebensgenuss geschaffen werden.

Selbstoptimierung durch Self-Tracking

Mit der digitalen Selbstvermessung, auch Self-Tracking genannt, ist die Selbstoptimierung in eine neue Phase eingetreten. Das Vermessen eigener Verhaltensweisen, Körperzustände oder Körperleistungen verspricht mehr Kontrolle, mehr Effizienz und einen neuen Zugang zur Lösung von Problemen. Mit der Aufzeichnung von Daten, so die Überzeugung, sei es möglich, mehr Wissen zu generieren und bessere Lebensentscheidungen zu treffen. Selbstvermessung soll die Motivation, Selbstdisziplin und Selbstbestimmung stärken und insgesamt zu einem besseren Körper- und Gesundheitsbewusstsein führen.[104] Die Palette reicht hier von einfachen Apps wie etwa Schrittzählern bis zu Fitness-, Gesundheits- oder Apps zur Analyse des Schlafverhaltens. Hightech-Fitness-Spiegel ersetzen mittlerweile den Gang ins Fitness-Studio. Im Spiegel erscheint die Trainerin, mit der man vorprogrammierte Workouts absolviert. Die Kamera analysiert und korrigiert die eigenen Bewegungen.[105] Der Reiz von Zahlen, Kurven und Statistiken liegt darin, dass sie sofort Feedback geben und versprechen, die Realität unmittelbar abzubilden. »Selbsterkenntnis durch Daten« ist das Versprechen der Tracking-Szene. Problematisch wird Self-Tracking allerdings, wo der Umgang nicht spielerisch-experimentell oder kritisch-souverän ist, sondern zwanghaft wird und die Wahrnehmung für den eigenen Körper sowie für komplexe Zusammenhänge verlorengeht.[106]

Neu ist die Selbstvermessung keineswegs. Der Zusammenhang zwischen Vermessung, Quantifizierung und Optimierung hat gerade im Sport und in der Medizin eine lange Tradition. So beeinflusste die Verbreitung der Körperwaage Ende des 19. Jahrhunderts, wie über Ernährung und Körpergewicht diskutiert wurde. Ähnlich populär wurde die Kontrolle der eigenen Körperwerte durch die Messung des Blutdrucks in den 1970er- und 1980er-Jahren. Inzwischen sind Wearables (tragbare Computersysteme) verfügbar, die den Blutdruck, Blutzucker oder die Auswirkungen von Alkoholkonsum erfassen. Aus diesen Daten könnten in Zukunft konkrete Verhaltensvorschläge für den individuellen Lebensstil abgeleitet werden.[107] Für den Soziologen Stefan Selke ist die (kommerzielle) Sammlung und Verbreitung von Daten ambivalent. Beispiel Gesundheit: Heute gibt es bestimmte Anreize für Versicherte, um Kosten im Gesundheitswesen zu reduzieren. Die österreichische Sozialversicherungsanstalt der Selbstständigen bietet an, dass Selbstständige bei allen ärztlichen und zahnärztlichen Behandlungen nur den halben Selbstbehalt, also zehn statt zwanzig Prozent der Kosten, zahlen, wenn sie mit ihrer Ärztin persönliche Gesundheitsziele festlegen und diese dann erfüllen. Vorstellbar wäre es aber auch umgekehrt: dass diejenigen bestraft werden, die solche Belohnungssysteme nicht nutzen. In den USA ist es bereits üblich, dass Versicherungsgesellschaften einen gesunden Lebensstil mit vergünstigten Prämien belohnen, während jene, die die ärztlichen Empfehlungen nicht einhalten, sanktioniert werden.[108] Positiv bewertet Selke, wenn durch das »kollaborative Selbstvermessen« Gebrauchswissen entsteht, das die eigene Handlungsfähigkeit stärkt.[109] Insgesamt überwiegen für ihn die problematischen Effekte des Self-Trackings. Er zählt sie zum »Evaluationsfetischismus«, der keinen Teil der Gesellschaft mehr »rationalisierungsresistent« sein lässt. Subversiv könnte daher in Zukunft sein, wer sagt: Ich mache das nicht mit, ich will nicht »perfekt« sein.[110]

Technisch gestützte Emotionsarbeit und Neuroenhancement

Gezielte Modifikation mittels digitaler Techniken erfolgt nicht nur durch Vermessung. Sehr populär geworden sind etwa Meditations-Apps wie Headspace, Calm oder 7Mind, die eine Reihe von Möglichkeiten bieten, um auf unsere Gefühle einzuwirken. Sie schicken Erinnerungen zum Meditieren, Belohnungsmedaillen für abgeschlossene Sitzungen und bieten Hintergrundinformationen für bestimmte Aspekte der Meditation. Die Apps versprechen Stressabbau und innere Ruhe.[111] Apps wie moodscope gehen noch weiter und wollen Menschen in drei Schritten aus depressiven Phasen herausholen. Auf der Homepage heißt es dazu: »(1) Clean your teeth, wash your face, measure your mood. A daily must-do. (2) Track your ups and downs on a graph to understand what gets to you. (3) Share your scores with trusted friends so they can support you. Everybody needs a buddy.«[112]

Am sichtbarsten ist der Trend zur ästhetischen und sportlichen Selbstoptimierung. In Österreich sind in den letzten Jahren rund eine Million Menschen, das sind über zwölf Prozent der Bevölkerung, in einem Fitnessclub registriert gewesen.[113] Etwa vierzigtausend Schönheitsoperationen pro Jahr werden hierzulande durchgeführt. Mehrheitlich handelt es sich dabei um Botox-Behandlungen und Gesichtsstraffungen.[114] Für die Soziologin Paula-Irene Villa sind es zweischneidige Trends: »Man kann solch eine Optimierung als Obsession der Körpergestaltung verstehen, aber gleichzeitig auch als Ausdruck und Folge von Freiheit, Emanzipation und einer Lust am

Umgang mit dem Körper. Quantified Self, Schönheits-OPs, Waxing und Bleeching sind die logische Folge davon, dass wir unserem Körper nicht mehr total ausgeliefert sind.«[115]

Selbstoptimierung vollzieht sich nicht nur am, sondern auch im Körper. Die eigene Leistung durch Medikamente zu steigern, wird als Neuroenhancement bezeichnet. Es handelt sich hier noch um kein Massenphänomen, aber auch in Österreich sind zunehmend Menschen bereit, auf diese Mittel zurückzugreifen. 2015 gaben in einer Studie 2 Prozent der Befragten an, Modafinil, Ritalin oder anderes eingenommen zu haben, 2017 waren es bereits 8,7 Prozent. 2018 gaben 10 Prozent der Befragten an, dass sie sich vorstellen könnten, bei beruflichem Stress auf Pillen zurückzugreifen.[116] Solche Medikamente haben keinen Einfluss auf die Intelligenz, jedoch werden dadurch für eine bestimmte Zeit – im Schnitt sind es drei bis vier Stunden – Antrieb, Wachheit und Aufmerksamkeit erhöht. Am deutlichsten spürbar ist die Wirkung bei Müdigkeit, ein ausgeschlafenes Gehirn arbeitet bereits im Optimum.[117]

Das Gehirn zu verjüngen, verspricht die US-Firma Halo. Über elektromagnetische Kopfhörer werden Gehirnareale künstlich stimuliert, wodurch es Probanden leichter fallen soll, zu lernen und kreativ zu sein.[118] Das US-Start-up Humm entwickelte den Prototypen eines Headsets, das wie ein schwarzes Stirnband aussieht und mittels kleiner elektrischer Impulse ebenfalls positiv auf die Gedächtnis- und Aufmerksamkeitsleistung wirken soll. Wer das Band fünfzehn Minuten lang trägt, könne damit das Arbeitsgedächtnis angeblich für neunzig Minuten verbessern.[119] Der Hirnforscher Newton Howard arbeitet daran, das Hirn mit der Außenwelt zu verknüpfen. Wenn das gelinge, so seine Überzeugung, würden wir in der Lage sein, Roboterarme mit dem Hirn zu bewegen oder biomedizinische Schnittstellen zu schaffen, um Krankheiten wie Alzheimer, Parkinson, Depression oder Zwangs- und Angststörungen heilen zu können.[120]

Wie diese Blitzlichter zeigen, lassen sich die Wurzeln unserer heutigen Selbstoptimierungskultur weit zurückverfolgen. Schon in vergangenen Jahrhunderten gab es fortwährend neue Vorstellungen davon, was eine vollständige Persönlichkeit ausmacht. Unser Beitrag zu dieser Geschichte, so sah es der Schriftsteller Roger Willemsen, ist der Begriff Selbstoptimierung. »Ihn behaupten wir gegen die Vorstellung vom altmodischen, strapazierten, unpraktischen, heimgesuchten Menschen, dessen Individualität Schmerz, Krankheit, Melancholie, Ermüdung, Schwärmerei ist und sich Mangelerscheinungen verdankt, Anomalien, fixen Ideen, lauter Hindernisse im Prozess effektiver Selbstausbeutung.« Wir übersetzen unser Tun »in Kosten-Nutzen-Kalkulationen, sind Spezialisten für Dinge, die einmal der Effizienz entzogen waren: Freizeit, Faulheit, Prokrastination, Selbstversenkung, Trauer, alles wird Wissenschaft, wird Kompetenz, wird Arbeit.«[121]

Was Selbstoptimierung heute antreibt

Natürlich muss man einen Preis für die Autonomie zahlen. Aber ich würde das nicht überbewerten. In jedem Gesellschaftstyp gibt es bestimmte Probleme, die die Kehrseite der positiven Werte bilden. Sorgen sind ein Bestandteil menschlichen Lebens – unsere sind auf die Ideale unserer Gesellschaft bezogen; Gesellschaften, in denen andere Werte als die Autonomie im Vordergrund stehen, haben andere Sorgen. Ein nur glückliches Leben kann man sich nicht vorstellen.[122]

Alain Ehrenberg

Warum streben heute so viele Menschen danach, sich selbst zu optimieren? Ein Stichwort, das seit Jahren sofort zur Hand ist, wenn es darum geht, gesellschaftliche Phänomene und Entwicklungen zu deuten, ist der Neoliberalismus. Der Neoliberalismus ist zur inflationären Erklärungsformel geworden, die scheinbar für alle Problembereiche – von kleinen Trends bis zu globalen Krisen – einsetzbar ist. So beginnt etwa Patrick Schreiner sein Buch *Warum Menschen sowas mitmachen* mit der Feststellung: »Der Neoliberalismus prägt unser Leben und unseren Alltag mehr, als man auf den ersten Blick meinen könnte: Selbstbezogenheit, der Drang zur Selbstoptimierung und der Glaube an den Segen von Markt und Konkurrenz etwa sind weit verbreitet. So weit, dass sie uns auch in so Alltäglichem wie Fernsehen und Sport, Körper und Konsum, Gefühlen und Beziehungen, Werbung und Sozialen Netzwerken, Coaching und Bildung begegnen.«[123]

Der Soziologe Andreas Reckwitz stellt zu Recht fest, dass die Überstrapazierung des Begriffs es erschwert, gesellschaftliche Entwicklungen – auch in Bezug auf Praktiken der Selbstoptimierung – in ihrer Komplexität zu begreifen. Der Neoliberalismus ist eine Wirtschafts- und Gesellschaftstheorie, die seit Ende der 1970er-Jahre verstärkt Eingang in westliche Regierungspolitiken gefunden hat. Neoliberale Politik forciert Eigenverantwortung, Flexibilität, Wettbewerb und Marktlösungen nicht nur im Bereich der Ökonomie, sondern auch in anderen Bereichen wie dem Arbeitsmarkt, im Sozialbereich oder in der Bildung. Allerdings gibt es auch eine Eigendynamik der wirtschaftlichen, technologischen und sozialkulturellen Entwicklung, die von keiner politischen Kommandozentrale geplant wurde. Reckwitz sieht vor allem zwei Phänomene, die in ihrer Eigendynamik weit über neoliberale Politik hinausgehen, obwohl sie in der Debatte gern von ihr abgeleitet werden: zum einen der Wandel der industriellen Gesellschaft zu einer postindustriellen Gesellschaft, in der die Nachfrage nach hoch- und geringqualifizierten Arbeitskräften gestiegen ist und die zu einer Polarisierung der Einkommen geführt hat; zum anderen die Vermarktlichung der Alltagskultur, das heißt der Einzug eines ökonomischen Denkens in gesellschaftliche Bereiche wie beispielsweise die Sozialen Medien oder Online-Dating.[124]

Die zwei Quellen der Selbstoptimierung

Neoliberale Politik hat beide Phänomene gefördert, aber sie sind Teil eines viel größeren Wandels, der auch unsere Identität, unser Verhalten, unser Begehren und unseren Sinn dafür, was ein gutes Leben ausmacht, formt. Selbstoptimierungspraktiken, die eng mit diesem Wandel verbunden sind, lassen sich grob in zwei Richtungen verfolgen: die eine Richtung wird angetrieben von Ansprüchen, die andere von Anforderungen. Hinter der Selbstoptimierung steht einerseits der Wunsch, etwas aus unserem Leben zu machen. Wir wollen aus dem steigenden Angebot an Optionen wählen, was sowohl attraktiv als auch anstrengend ist, denn schier endlos reihen sich die Möglichkeiten in den Bereichen des Konsums, der Ideen, Geschmäcker, Lebensstile, Beziehungen oder Sinnangebote. Was passt zu mir? Der Glücksbegriff ist mit dem wachsenden Wohlstand komplexer geworden. Unsere Suche verläuft zwischen persönlichen Präferenzen und gesellschaftlichen Erzählungen darüber, was ein »perfektes« Leben ausmacht. Der Anspruch, sich zu entfalten, wird auch im Beruf zunehmend geltend gemacht. Arbeit ist zum Ausdruck der eigenen Persönlichkeit, Wünsche und Träume geworden. Zugleich müssen Arbeitnehmer:innen ihre »Employability« – ihre Fähigkeit, am Arbeitsmarkt zu bestehen – im Wettbewerb behaupten. Selbstoptimierung ist damit andererseits zum Motor der sozialen und ökonomischen Inklusion geworden: Wer seinen Platz behalten will, darf nicht stehen bleiben.

Ein Leben der »größtmöglichen Fülle«

Sigmund Freud war der Ansicht, dass Glück im Plan der Schöpfung nicht vorgesehen ist und sah die Psychotherapie nur als Methode, »neurotisches Elend in gemeines Unglück« zu verwandeln.[125] Der Positiven Psychologie ist das zu wenig. Ihr geht es, wie Martin Seligman es ausdrückt, nicht mehr darum, Schäden zu begrenzen und auf der Befindlichkeitsskala von minus 8 auf minus 2 zu kommen, sondern um die Frage, wie man sich von plus 2 auf plus 5 verbessert.

Man kann es als Sinnbild sehen: Mit dem steigenden Wohlstand in der zweiten Hälfte des 20. Jahrhunderts ging ein tiefgreifender Wandel unserer Lebenswerte einher – weg von der Pflicht, der Anpassung und der sozialen Akzeptanz, hin zur Selbstentfaltung. Je weniger der Einzelne gewillt ist, Rollen auszufüllen, die von Religion, Gesellschaft oder aus Tradition vorgegeben werden, desto mehr wird das eigene Selbst zum Orientierungspunkt der Lebensführung. Ulrich Beck nannte den »kollektiven Wunsch, ein ›eigenes Leben‹ zu führen« eines der herausragenden Merkmale des Individualisierungsprozesses im 20. Jahrhundert. »Man kann sagen, dass seit den 70er Jahren insbesondere die in ihrer Wirkung kaum zu überschätzende Bildungsexpansion, aber auch die allgemeine Reichtumsentwicklung sowie die Verinnerlichung politischer und sozialer Grundrechte (...) in einer Art Vollkasko-Individualisierung die Menschen aus den Sicherheiten des Herkunftsmilieus herausgelöst und zu Autoren des eigenen Lebens gemacht hat – mit allen turbulenten Folgen für politische Organisation und Wählerverhalten, Familie und Ehe, Intimität und Sexualität.«[126]

Freie Menschen in der Multioptionsgesellschaft

In der Multioptionsgesellschaft verwandeln sich Obligationen, also gesellschaftliche Verpflichtungen, in individuelle Optionen. Peter Gross schrieb schon Mitte der 1990er-Jahre, dass die Steigerung der Erlebens-, Handlungs- und Lebensmöglichkeiten der augenscheinlichste Vorgang der Modernisierung ist.[127] Noch nie zuvor machten sich so viele Menschen so viele Gedanken darüber, wie sie ihr Leben gestalten sollen. Von der Ernährung bis hin zu den großen Lebenszielen – wir denken heute viel mehr über unseren Alltag nach als frühere Generationen und suchen inmitten unzähliger Meinungen und Sichtweisen auf jedes Lebensthema unseren eigenen Lebensstil.

Wir haben heute ungleich mehr Möglichkeiten, aus denen wir wählen können oder müssen. Je zahlreicher die Wahlmöglichkeiten sind, desto größer erscheint die Gefahr, das Falsche zu wählen oder das Beste zu versäumen. Der Psychologe Heiko Ernst sieht uns »in einer Ära des biografischen Gestaltungsdrucks« leben, die vom Glauben geprägt sei, sich grenzenlos verbessern zu können.[128]

Die »freien Menschen«, wie sie Sven Hillenkamp als Idealtypus beschreibt, »haben den Glauben an alle Soziologie verloren, an die Gesellschaft als Hindernis, an alles Feste. Sie sagen: Gesellschaft? So etwas gibt es nicht! Jetzt glauben sie an die Macht der Psychologie, an die Gesellschaft als Möglichkeit. Sie leben in einer flüssigen Welt. Sie glauben an die Bewegungsfreiheit: Jeder Mensch kommt überall hin, hinein und nach oben.« Sie versuchen ihre nicht selten wirklichen Chancen zu verwirklichen. »Wo die Grenze liegt – die Klassen- oder Geschlechtergrenze, die Talent- oder Glücksgrenze –, das können die Menschen nicht mehr mit Sicherheit sagen. Weder vorher noch nachher, wenn man gescheitert ist. Liegt es an der Welt? Oder an mir? Die Möglichkeiten sind jetzt die Wirklichkeit. (...) Die Welt der unbegrenzten Möglichkeiten ist also keine Welt, in der jeder alles erreichen kann. Sie ist vielmehr eine, in der jeder denken muss, dass er noch mehr erreichen könnte.«[129]

Das ambivalente Streben nach Selbstverwirklichung und Authentizität

Es sind zwei Ideale, die uns in unserer Vorstellung, was ein geglücktes Leben ausmacht, anleiten. Zum einen ist es das Ideal der Autonomie: Wir wollen frei und selbstbestimmt leben. Zum anderen das Ideal der Authentizität: Wir fühlen uns aufgefordert, unserem Wesen und unseren Bedürfnissen nachzuspüren, uns »richtig« zu bestimmen. Der Philosoph Charles Taylor sieht dahinter nicht per se eine selbstsüchtige Haltung, sondern ein moralisches Ideal. Ein moralisches Ideal beinhaltet ein Bild einer eventuell besseren oder höheren Lebensweise, das einen Maßstab dafür bietet, was wir wünschen sollten. In einer »Kultur der Authentizität« fühlen sich viele Menschen dazu aufgefordert, in sich hineinzuhorchen, ihre Bedürfnisse zu artikulieren und sich treu zu bleiben, denn damit definieren sie zugleich sich selbst; sie verwirklichen eine Möglichkeit, die ganz eigentlich ihnen selbst gehört. Und sie spüren, dass ihr Leben irgendwie vergeudet oder unerfüllt wäre, wenn sie nicht so handeln würden.[130]

Rund um dieses moralische Ideal hat sich im 20. Jahrhundert eine therapeutische Kultur entwickelt, die die Suche nach dem »wahren Selbst« in die Mitte der Gesellschaft gebracht hat. Eva Illouz nennt sie eine »terroristische kulturelle Idee«, die Menschen zwingt, nach der Quintessenz des eigenen Wesens zu suchen, die es nicht gebe.[131] Psychologie und Psychotherapie sind für viele Menschen zu einer Art Ersatzreligion geworden, die das Streben nach Selbstverbesserung mit der Erwartung psychischer Heilung verbindet.[132] Bevor Selbstoptimierung als Schlagwort in Mode gekommen ist, wurde in den 1960er-Jahren der Begriff der Selbstverwirklichung für diese Innenorientierung populär. Sie drückt das Ziel und die Motivation aus, ein innewohnendes Potenzial im größtmöglichen Ausmaß zu entfalten. Während die einen dabei die Vorstellung haben, ein bereits angeborenes Selbst zu realisieren und wie ein Samenkorn zum Wachsen zu bringen, verstehen die anderen darunter das Streben, wichtige Wünsche und Ziele zu verwirklichen.[133] Wenn Selbstverwirklichung Glück verspricht, lässt sich Unglück heute auch als unzureichende oder verfehlte Selbstverwirklichung deuten. Je mehr das Glück als »Normalzustand« gefasst wird, desto mehr scheinen Krisen oder Tage, die nicht so gut laufen, etwas zu sein, das das eigentliche Leben unterbricht. Und nicht als etwas, das unweigerlich zum Leben dazugehört.

Ähnlich ambivalent zeigt sich das Bedürfnis nach Authentizität. Wir bezeichnen jemanden als authentisch, wenn innere Gefühle und Gedanken mit dem äußeren Verhalten übereinstimmen. Friedemann Schulz von Thun sieht die Suche nach einem authentischen Ausdruck als einen wichtigen Meilenstein der Menschwerdung, der dazu anregt, »mit sich selbst in Kontakt zu treten, in sich hineinzuschauen und zur Sprache bringen, was in einem vorgeht. Man braucht diese Fähigkeit zur Selbstempathie, und es gilt sich zu fragen: Wie ist mir ums Herz? Wofür stehe ich? Wogegen wende ich mich?« Problematisch wird es, wenn diese Fragen zur »seligmachenden Norm« werden, ohne zu unterscheiden, wo es angebracht ist, sich möglichst unverfälscht zum Ausdruck zu bringen.[134] Die Verknüpfung von Authentizität und einem »wahren Selbst« sieht darüber hinweg, dass wir uns je nach Kontext ganz unterschiedlich verhalten und in der Gesellschaft immer in verschiedenen Rollen agieren (dürfen).[135] Kann ich überhaupt sagen, was wahre Gefühle sind, auf die ich hören und denen ich Raum geben will? Illouz zweifelt an der Idee von »wahren Gefühlen«, die kulturell unberührt sind. »Schon die griechische Tragödie setzte Gefühle bewusst ein. Aristoteles sagte, wenn man dem Helden zuschaut, muss man Mitgefühl, Angst oder Schande empfinden. Und wenn Menschen nach dem Sermon eines Priesters Angst haben, sie könnten in der Hölle schmoren, ist das ebenfalls ein von außen induziertes Gefühl. Wir bewegen uns permanent in einer Welt der Gefühle. In diesem Sinne kann ich den Unterschied zwischen einem erkauften oder einem authentischen Gefühl schwer ausmachen.«[136]

Die Gesellschaft der Singularitäten

Selbstverwirklichung und Authentizität haben einen besonderen Stellenwert in der »Gesellschaft der Singularitäten«. So nennt Andreas Reckwitz unsere Gesellschaft, die uns dazu anhält, einzigartig zu sein und etwas Außergewöhnliches aus unserem Leben zu machen. In ihr gibt eine hochqualifizierte neue Mittelklasse den Ton an, im weitesten Sinne handelt es sich um Wissensarbeiter: innen, die in Bereichen wie Bildung und Forschung, Recht und Medizin oder in der Digital- und Kreativökonomie beschäftigt sind. Der Bereich der klassischen Routinetätigkeiten in der Industrie und Verwaltung, Ort der traditionellen Mittelklasse, schrumpft dagegen. Die traditionelle Mittelklasse hat zwar nach wie vor einen guten Lebensstandard, aber sie hat an gesellschaftlichem Einfluss verloren. Die kulturellen Werte zwischen der neuen und der alten Mittelklasse unterscheiden sich deutlich. Reckwitz erklärt es so: »Die alte Mittelklasse kultiviert Werte wie Selbstdisziplin und Pflichtbewusstsein, sie lebt überdurchschnittlich in kleinstädtischen Regionen. Die neue Mittelklasse ist dagegen kosmopolitisch geprägt. Ihr geht es um mehr als nur materiellen Erfolg, sie will sich auch entfalten im Beruf, im familiären Bereich, in der Freizeit. Sie lebt vorrangig in den Metropolen und gibt den Ton an in Bezug auf die gesellschaftlichen Leitwerte wie Flexibilität, Mobilität oder lebenslanges Lernen, aber auch Alltagswerte wie hohes Gesundheitsbewusstsein oder kulturelle Diversität. Allgemein gesprochen könnte man sagen, die neue Mittelklasse vertritt Werte der Entgrenzung, die alte Werte der Verwurzelung.« Diese neue Mittelklasse als zentrale Trägerschicht der Selbstoptimierung hat ein ehemals subkulturelles Muster – den Lebensstil der Selbstverwirklichung – zum Mainstream, zu einer sozialen Norm gemacht.[137]

Dieser Lebensstil hat sich mit einem weiteren zentralen Strukturmerkmal der Gegenwart verschränkt: Die Gesellschaft hat weit über die Ökonomie hinaus die Form von Märkten, Wettbewerb und Konkurrenzbeziehungen angenommen.[138] Unsere »inneren« Wünsche zu verwirklichen heißt: Wir wollen wählen, was zu uns passt. Der Wert der Selbstverwirklichung verbindet sich mit den Reizen der Konsum- und Werbeindustrie, die uns fortlaufend neue Schönheits-, Wohlfühl- und Leistungsideale anbieten. Wir betrachten das, was die Welt zu bieten hat, als Markt. Dieser beschränkt sich nicht mehr nur auf Produkte und Dienstleistungen, es gibt einen Ranking-Wettbewerb der Städte, Universitäten oder Schulen ebenso wie den Wettbewerb am Beziehungsmarkt, der durch die Angebote digitaler Plattformen ganz neue Möglichkeitsräume erschlossen hat. Das Internet ist generell das zentrale Medium der Vermarktlichung der Alltagskultur. Ganz unabhängig von jeder Verwertung besitzt es die Struktur eines riesigen, grenzenlosen Marktes, dessen knappes Gut die Aufmerksamkeit ist.

Speziell am Beispiel der Sozialen Medien lässt sich gut zeigen, wie sehr die Lebensführung heute an den Maßstäben des Besonderen ausgerichtet ist. Singularität bedeutet das Streben nach Einzigartigkeit und Außergewöhnlichkeit. Sie ist nicht nur ein subjektiver Wunsch, sondern gesellschaftliche Erwartung geworden. Im Modus der Singularität wird das Leben nicht einfach gelebt, es wird »kuratiert«, das heißt betreut, verwaltet, inszeniert.[139] In den Sozialen Medien können wir an endlosen Bilderparaden teilnehmen, die den Charakter von Beweisfotos besitzen, wie attraktiv das Leben anderswo gerade ist. Sie teilen uns implizit mit, dass wir weniger erfolgreich sind, weniger reisen, weniger Geld verdienen, weniger glücklich sind, uns an weniger schönen Orten aufhalten oder weniger interessante Leute treffen, kurz: dass wir ein weniger erfülltes Leben führen als unsere »Freunde« und Follower. Indem wir entscheiden, welche Bilder andere sehen und welche nicht, basteln wir an Identitäten, die verstecken, wer wir wirklich sind, und inszenieren stattdessen ein Idealbild unserer selbst. Eine Befragung unter Studierenden in den USA zeigte, dass sie es als sehr wichtig einschätzen, »online« glücklich zu wirken. Sie spüren den Druck, in den Sozialen Medien eine authentische, zugleich rein positive Version von sich selbst zu kommunizieren.[140] Reckwitz spricht hier von einer »performativen Selbstverwirklichung«: Sie ist erst dann erfolgreich, wenn sie nach außen hin in Form eines attraktiven Lebens sichtbar wird.[141] Ein Beispiel für diese Form der Selbstverwirklichung ist der in den Sozialen Medien gern geteilte Spruch: »Happiness is the new rich. Inner peace is the new success. Health is the new wealth. Kindness is the new cool.« Er soll auf jene, die ihn teilen, wie ein Statussymbol zurückstrahlen.

Selbstoptimierung als Reichweitenvergrößerung

Die Selbstverwirklichung, wie sie Reckwitz beschreibt, ist steigerungsorientiert. Sie sucht die Selbstentgrenzung. Immer neue Produkte der Selbstoptimierung wie etwa Handys, Apps oder Flugreisen schaffen immer neue Möglichkeiten, unterschiedliche Lebensbereiche zu verbessern. Selbstoptimierung gibt uns ein Gefühl der Freiheit und bringt uns die Welt in Reichweite. Daher empfinden wir Selbstoptimierung als attraktiv und nutzen die entsprechenden Angebote, um, wie es Odo Marquard formuliert hat, unseren »grenzenlosen Weltappetit« zu stillen, der nur mit dem Tod eine unerbittliche Grenze hat.[142] Hartmut Rosa sieht in dieser Ressourcenfixierung der Selbstoptimierung ein dominantes Muster unserer gegenwärtigen Kultur: Gesundheit, Geld, Gemeinschaft (beziehungsweise stabile soziale Beziehungen), dazu häufig noch Bildung und Anerkennung, würden nicht nur als die wichtigsten Ressourcen für ein gutes Leben gelten, sie hätten sich zum Inbegriff des guten Lebens selbst verselbstständigt. Das ultimative Ziel der Lebensführung bestehe dann darin, die eigene Ressourcenlage zu optimieren: die Berufsposition zu verbessern, das Einkommen zu erhöhen, gesünder, attraktiver, fitter zu werden, seine Kenntnisse und Fähigkeiten zu erweitern, sein Beziehungsnetz auszubauen, Anerkennung zu erwerben etc. Doch genauso wenig, wie eine gute Ressourcenausstattung gelingende Kunst garantiere oder von sich aus schon produziere, garantiere eine gute Ressourcenausstattung – auch wenn es sich um wichtige Ressourcen handelt – schon ein gelingendes Leben.[143]

Problematisch ist, wenn der Optimierungsprozess von sich aus kein Ende findet und wenn die eigene Ressourcenlage fortwährend im Vergleich zu anderen und im Vergleich zum verfügbaren Wissen, was in welcher Weise laufend verbesserungswürdig wäre, beurteilt wird. Es gibt immer mehr Wissen über die Psyche, den Körper, Ernährung oder Bildung, das Potenziale der Optimierung aufzeigt. Der gigantische Informationsfluss des Internets befeuert den »Markt des Begehrens« und »die Qual der Wahl«. Potenziell eine unerschöpfliche Frustrationsquelle. Mit Harari kann man dieses Paradox am Beispiel Gesundheit versinnbildlichen: Mit den Big-Data-Algorithmen, prognostiziert er, werden die Menschen die beste Gesundheitsversorgung bekommen, die es je gab, »aber aus genau diesem Grund werden sie wahrscheinlich die ganze Zeit krank sein. Irgendwo im Körper stimmt immer was nicht. Irgendwas lässt sich immer verbessern. In der Vergangenheit hat man sich völlig gesund gefühlt, solange nichts wehtat und man nicht an irgendeiner offenkundigen Behinderung wie etwa einem Hinkefuß litt.«[144] Dieselbe Ambivalenz zeigt sich am Persönlichkeitsbildungsmarkt: Er greift die Bedürfnisse nach Autonomie und Authentizität, nach Rat und Beratung auf, zugleich fungiert er mit Visionen von einem Ideal-Ich oder Ideal-Zustand als Erwartungsmultiplikator und erzeugt enormen Druck, das eigene Leben perfekt zu meistern. Beispielhaft lautet ein Buchtitel: *Willkommen im Reich der Fülle. Wie du Erfolg, Wohlstand und Lebensglück erschaffst.*[145] Statt Sicherheit zu geben, sind die Glücksrezepte solcher Ratgeber der Dünger, der unsere Ansprüche in den Himmel wachsen lässt. Der Traumjob, die große Liebe, Harmonie mit sich selbst – mit den richtigen Psychotricks scheint das alles endlich in greifbare Nähe zu rücken.[146]

Dieses Glücksparadox ist in ein größeres Paradox eingebunden. Einerseits müssen wir heute selbst entscheiden, wie wir unser Leben gestalten wollen. Andererseits orientieren wir uns bewusst oder unbewusst stark an sozialen Erzählungen, was ein »perfektes Leben« ausmacht. Paul Dolan spricht vom Mythos des perfekten Lebens. Empfehlungen und Anleitungen legen uns nahe, was wir erreichen, welche Ziele wir uns setzen oder welche Beziehungen wir führen sollen. Wir sollen möglichst wohlhabend werden, möglichst erfolgreich, nach einer möglichst guten Ausbildung streben, verheiratet sein, monogam leben, Kinder haben, altruistisch handeln, gesund leben und daran glauben, dass wir darüber, wie wir leben, frei entscheiden. Dolan will diese Erzählungen nicht verwerfen. Sie erweisen sich allerdings als Falle, wenn Menschen ihnen nicht entsprechen können oder wollen, aber dennoch nach diesen Standards bewertet werden oder ihr eigenes Leben nach diesen Standards bewerten. Tatsächlich gebe es aber keine Einheitsgröße für ein gelungenes Leben. Worauf es vielmehr ankomme, sind unsere Erfahrungen in unserem täglichen Leben. Das Glück (oder Unglück) liege in den kleinen Dingen, in den täglichen Aktivitäten, in der Balance zwischen Freude und Sinn. Der Fokus auf tägliche Erfahrungen statt auf große Geschichten ermutige dazu, unterschiedliche Lebensmodelle und Lebensstile nebeneinander zu haben und zu akzeptieren.[147]

Gegen die Rolltreppe laufen

Der Kapitalismus ist eine Wirtschaftsform, die nur dynamisch stabil bleibt. Das heißt, er kann sich nur im Modus der Steigerung erhalten. Steigerung bedeutet Wachstum, Innovation und Beschleunigung. Das

Gefühl, dass alles schneller und die Zeit knapp geworden ist, täuscht uns daher nicht. Rosa unterscheidet zwischen technischer Beschleunigung, der Beschleunigung des sozialen Wandels und der Beschleunigung des Lebenstempos.[148] Die technische Beschleunigung hat seit dem 19. Jahrhundert im Transport, in der Kommunikation und in der Produktion beständig zugenommen. Der Raum ist geschrumpft, der Erwartungshorizont hat sich erweitert: Wir erwarten heute eine höhere Reaktionsfrequenz, beispielsweise in der Beantwortung von E-Mails. Die Beschleunigung des sozialen Wandels bedeutet, dass Menschen heute öfter Arbeitsplatz, Lebenspartner, Wohnort, Gewohnheiten etc. wechseln. Wir sind heute viel flexibler, dafür weniger stark verankert in sozialen Beziehungen und Lebenswelten. Insgesamt ist eine Beschleunigung des Lebenstempos zu beobachten. Wir versuchen, mehr Dinge in kürzerer Zeit zu erledigen, zum Beispiel indem wir Sprachnachrichten statt Textnachrichten senden oder indem wir die Wiedergabegeschwindigkeit von digitalen Medien erhöhen.[149] Das große Versprechen der Beschleunigung ist, wie Rosa es ausdrückt, eine Verdichtung der Welterfahrung, der Weltbeziehung, der Weltbegegnung.

Vom Fahrstuhl zur Rolltreppe

Beschleunigung und Wachstum nahmen nach dem Zweiten Weltkrieg richtig Fahrt auf und führten in den westlichen Demokratien zu einem enormen Wohlstandszugewinn für die breite Masse der Bevölkerung. Ulrich Beck prägte den Begriff »Fahrstuhleffekt«, um die Gesellschaft des sozialen Aufstiegs nach 1945 zu beschreiben. Auch wenn sich die Ungleichheit nicht wesentlich geändert hat, so waren bildlich gesprochen alle Menschen in einem Fahrstuhl, der nach oben fuhr: Die Einkommen stiegen, ebenso die Bildungschancen, die Freizeit und der Konsum. Zugleich fand eine Transformation von der industriellen zur postindustriellen Ökonomie statt. Waren in Deutschland 1950 noch 43 Prozent der Erwerbstätigen in der Industrie beschäftigt, sind es heute nur noch knapp 25 Prozent. In Österreich lag der Anteil 2021 leicht darüber. In den USA waren 1950 noch 47 Prozent der Erwerbstätigen in der Industrie beschäftigt, heute ist der Anteil bereits auf unter 20 Prozent gefallen.[150]

Der Aufstieg der Wissensökonomie brachte neue Job- und Entwicklungschancen in der IT- und Internetwirtschaft, im Gesundheits- und Bildungsbereich, in der Kreativbranche, Kommunikation, Beratung sowie Forschung & Entwicklung. Zugleich expandierte der Bereich der einfachen Dienstleistungen im Niedriglohnsektor, der eine neue »service class« schuf. Reckwitz sieht in dieser postindustriellen Polarisierung ein zentrales Merkmal der gegenwärtigen Ökonomie.[151] Den Fahrstuhleffekt gibt es heute nicht mehr. Aus den europäischen Gesellschaften des sozialen Aufstiegs und der sozialen Integration sind Gesellschaften des Abstiegs und der Polarisierung geworden.[152] Die Mittelschicht ist damit beschäftigt, den Status zu halten. Der Soziologe Oliver Nachtwey prägte das Bild der Rolltreppe, um die heutige Gesellschaft zu beschreiben. Für einige geht es nach oben, für andere nach unten. Viele müssen gegen die nach unten fahrende Rolltreppe anlaufen, um nicht abzusteigen. Auch der Bildungsaufstieg setzt sich nicht mehr automatisch in mehr Wohlstand um. Das hat Unsicherheitsgefühle und Abstiegssorgen erzeugt. Eine Studie der OECD aus der Zeit vor Corona hat gezeigt, dass die Mittelschicht in den OECD-Staaten bröckelt. Der Titel der Studie lautet: »Die gequetschte Mittelschicht«. Gemäß OECD gehören all jene Haushalte zur Mittelschicht, deren verfügbares Nettoeinkommen (Pensionen und Sozialtransfers inklusive) zwischen 70 und 200 Prozent des Medianeinkommens in einem Land liegt (Median bedeutet, eine Hälfte verdient mehr, die andere weniger). In den vergangenen zehn Jahren stagnierte das Medianeinkommen in 21 von 36 OECD-Ländern oder ging sogar zurück. Besonders drastisch gefallen sind die mittleren Einkommen in den Euroländern Spanien, Italien, Griechenland und Slowenien, aber auch in Japan und Mexiko sind sie rückläufig. In Österreich gehören 67 Prozent der Bevölkerung zur Mittelschicht. Im OECD-Schnitt sind es rund 60 Prozent.[153] Auch Deutschland zählt zu den Ländern mit einer schrumpfenden Mittelschicht. 1995 gehörten ihr noch 70 Prozent der Bevölkerung an, heute sind es nur mehr 64 Prozent.[154]

Dass sozialer Aufstieg durch Arbeit keineswegs mehr selbstverständlich ist, lässt sich auch an der wachsenden Anzahl der Ein-Personen-Unternehmen (EPU) ablesen, von denen es in Österreich Ende 2021 bereits rund 340 000 gab, das sind 60 Prozent aller heimischen Unternehmen.[155] Die wichtigsten Motive für den Schritt in die Selbstständigkeit sind der Wunsch nach Unabhängigkeit und flexibler Zeiteinteilung sowie die Selbstverwirklichung. Die Einkommen der EPU (die allerdings laut Rechnungshof schwerer erfassbar sind als die der Unselbstständigen und daher tendenziell unterschätzt werden) zeugen dagegen von der Zunahme prekärer Karrieren. So beträgt das mittlere Jahreseinkommen der ausschließlich Selbstständigen in Österreich vor Steuern und nach Abzug der Sozialversicherungsbeiträge bei den Männern 18 024 Euro und bei den Frauen 8 396.[156] Günther Tengel, Chef des Personalberatungsunternehmens Amrop-Jenewein, geht davon aus, dass sich die Selbstständigkeit bis 2030 auf 20 Prozent verdoppeln wird.[157]

Nichts ist mehr sicher: Kaum wo wird dieses Grundgefühl so sichtbar und spürbar wie am Arbeitsmarkt, der starken Veränderungen unterworfen ist und in alle Richtungen ausschlägt oder ausschlagen könnte. Schon 1995 hat Jeremy Rifkin *Das Ende der Arbeit* prophezeit – so der Titel seines bekannten Buches. 2013 fand eine Studie von Carl Benedict Frey und Michael Osborne viel mediale Beachtung. Darin wurde die Wahrscheinlichkeit erforscht, mit der verschiedene Berufe in den USA automatisiert würden. Sie schätzten, dass etwa 47 Prozent der Menschen in den USA gefährdet seien, in den nächsten zwanzig Jahren ihren Job zu verlieren. Routinearbeit – nicht nur die im geringqualifizierten Bereich – würde zunehmend von Maschinen, Robotern und Algorithmen übernommen.[158] Das bedeute nicht unbedingt, dass Menschen arbeitslos würden, aber sie müssten dann eine schlechter bezahlte Stelle annehmen. Beides würde wachsen: die Zahl der Arbeitsplätze für Hochqualifizierte und Arbeitsplätze, die geringere Qualifikationen erfordern, aber auch schlechter bezahlt sind.[159] Seit Mitte der 1990er-Jahre ist in Österreich der Anteil der unselbstständig Beschäftigten in Berufen, die sich überwiegend durch Routine auszeichnen, mit rund 40 Prozent allerdings relativ stabil.[160] Einen massiven Beschäftigungsrückgang von 37 Prozent bis 2015 gab es nur in der Sachgütererzeugung. Nicht-Routinetätigkeiten, die höhere Ansprüche an die Qualifikation und Kompetenzen der Arbeitskräfte stellen, haben sich dagegen verdoppelt. Dieser Trend wird sich fortsetzen. Laut WIFO ist der Automatisierungsgrad in den Unternehmen bereits weit fortgeschritten.[161] Im Dienstleistungsbereich ist die Lage unübersichtlich. Wie viele Bereiche werden hier noch standardisiert und rationalisiert? Welche neuen Qualifikationen sind dann nötig, um sich zurechtzufinden?

Die Maßnahmen zur Eindämmung der Corona-Pandemie führten 2020 zu einem dramatischen Anstieg der Arbeitslosenquote. Im Dezember 2020 lag sie bei 11 Prozent. Über 520 000 Menschen waren in Österreich arbeitslos gemeldet oder in Schulungen.[162] Im September 2021 lag die Arbeitslosigkeit wieder ungefähr auf Vorkrisenniveau bei knapp 7 Prozent.[163] Im Jahr darauf kehrte sich das Bild völlig um: Viel Arbeit, aber zu wenig Arbeitskräfte. Einige wichtige Gründe für den plötzlichen Mangel: Mehr Menschen als zuvor waren in Beschäftigung. Der demografische Wandel führt dazu, dass mehr Menschen den Arbeitsmarkt verlassen, als Menschen in den Arbeitsmarkt eintreten. Die Teilzeitquote steigt. Viele Arbeitende wollen ihre Stunden reduzieren. Bei den offenen Stellen passen Angebot und Nachfrage oft nicht zusammen, es gibt also ein geografisches und berufliches

Mismatch. In Deutschland fehlen laut Bundesagentur für Arbeit bis 2035 sieben Millionen Arbeitskräfte. In Österreich rechnet die Industriellenvereinigung in den kommenden zehn bis zwölf Jahren mit einer halben Million fehlender Arbeitskräfte.[164]

Es gibt also enorme Dynamiken am Arbeitsmarkt. Die WIFO-Expertin Julia Bock-Schappelwein sieht darin den Grund für das weitverbreitete Unsicherheitsgefühl. Wie wirkt sich die Demografie aus? Kommt es zu einem Prozess der Deglobalisierung? Sind wir bald mit Ressourcenknappheit konfrontiert? Wie wird sich der Prozess der Dekarbonisierung auswirken? Und ähnliche Fragen mehr. Wir wissen nicht, was kommt. Das schafft Unsicherheit und den Druck, bei Qualifikationen und Kompetenzen nachzubessern, um im Wettbewerb mitzuhalten.[165] Ada Pellert, Präsidentin der Deutschen Universität für Weiterbildung, vergleicht die Arbeitswelt mit einem »Langstreckenlauf mit Hürden – ohne Freude und Spaß ist das nicht durchzuhalten: wieder eine Kompetenz, die wir brauchen, nebst Selbstführung«.[166]

Viele Junge blicken allerdings wenig optimistisch in die Zukunft. Deloitte befragte mehr als achtzehntausend 25- bis 35-Jährige in 43 Ländern und brachte eine weitverbreitete Zukunftsangst und Sorge um die Umwelt zutage. In Österreich sind nur 22 Prozent der Jungen überzeugt, dass sie für die digitale Arbeitswelt die passenden Qualifikationen haben. 46 Prozent glauben, dass sie »teilweise« die richtigen Qualifikationen haben, um für die Arbeitswelt der nahen Zukunft gerüstet zu sein.[167] Die Qualifikationsanforderungen steigen laufend, wie eine Untersuchung von 1,5 Millionen Online-Stellenanzeigen des Jobportals karriere.at im Zeitraum 2008 bis 2019 ergeben hat. Am häufigsten gefordert werden in den Stellenanzeigen formale Abschlüsse, Berufserfahrung und digitale Fähigkeiten.[168] Speziell digitale Kompetenzen als neue Kulturtechnik gelten für alle Altersgenerationen in Zukunft als absolut notwendig.[169] Bemerkenswert ist, dass in Deutschland laut einer Umfrage 62 Prozent der Jugendlichen zwischen 14 und 19 Jahren heute schon die Vorstellung gut oder sehr gut finden, sich Implantate zur Steigerung geistiger Fähigkeiten in den Körper einpflanzen zu lassen.[170] Daraus scheint weniger die Motivation zu sprechen, besser zu werden, als im Vergleich zur Konkurrenz die Position zu wahren. Selbstoptimierung folgt in diesem Kontext nicht einer Perfektionierungs- und Steigerungslogik, sondern orientiert sich hin zur Mitte.[171] Was die Selbstoptimierung am Arbeitsmarkt antreibt, so der Soziologe Heinz Bude, ist die »Exklusionsdrohung«: Wer nicht fit genug ist, gerät schnell ins Hintertreffen. Damit geht die Angst einher, ob der Wille reicht, die Geschicklichkeit passt und das Auftreten überzeugt.[172]

Wie wird es weitergehen? Kommt irgendwann doch das »Ende der Arbeit«? Yuval Harari hält es für möglich, dass populistische Revolten im 21. Jahrhundert nicht gegen eine Wirtschaftselite aufbegehren, die die Menschen ausbeutet, sondern gegen eine, die die Menschen nicht mehr braucht. »Kann gut sein, dass die Menschen diese Schlacht verlieren. Denn es ist viel schwerer, gegen Bedeutungslosigkeit zu kämpfen als gegen Ausbeutung.«[173] Fortschritte in der Automatisierung, Informationstechnologie und Biotechnologie werden viele neue Jobs schaffen, sie könnten aber auch für die Entstehung einer »nutzlosen Klasse« sorgen. »Tatsächlich droht uns möglicherweise das Schlimmste beider Welten, nämlich gleichzeitig eine hohe Arbeitslosigkeit und ein Mangel an gut ausgebildeten Arbeitskräften.« Und selbst wenn wir fortwährend neue Jobs erfinden und Arbeitskräfte umschulen könnten, müssten wir uns fragen, ob der durchschnittliche Mensch das emotionale Durchhaltevermögen besitzt, das man für ein Leben mit solchen unablässigen Umwälzungen braucht. Zwar seien solche Szenarien nur Spekulationen, doch »die potentiellen gesellschaftlichen und politischen Verwerfungen sind so alarmierend, dass wir die Wahrscheinlichkeit einer systematischen Massenarbeitslosigkeit selbst dann sehr ernst nehmen sollten, wenn sie nur gering sind«.[174]

Die »Exklusionsdrohung« wird auch noch von einer anderen Seite befeuert, nämlich durch das Ideal der Meritokratie: Jeder bekommt, was er verdient. Die Vorstellung, dass man sein Schicksal selbst in der Hand hat, ist inspirierend. Seit den 1990er-Jahren gehörte es daher auch zum Kernprogramm von Mitte-Links-Regierungen, die Menschen zum Wettbewerb unter gleichen Voraussetzungen zu befähigen. Chancengleichheit und Leistungsgesellschaft sollen die Voraussetzung dafür sein, dass es alle zu etwas bringen können. Umfragen zufolge glauben 70 Prozent der Amerikaner, Arme könnten sich aus eigener Kraft aus der Armut herausarbeiten, während dies in Europa nur 35 Prozent annehmen.[175] Wenn aber das reichste Prozent in den USA mehr einnimmt als die gesamte untere Hälfte der Bevölkerung und das Medianeinkommen seit vierzig Jahren stagniert, ist es für Michael Sandel ein untrügliches Zeichen dafür, dass es sich nur mehr um ein hohles Ideal handelt.

Bei den Gewinner:innen sorgt die meritokratische Ethik für Überheblichkeit, bei den Verlierer:innen für Demütigung und Unmut. Sandel schreibt: »Die Aussage, das System belohne Talent und harte Arbeit, ermutigt die Gewinner, ihren Erfolg als ihr eigenes Werk anzusehen, als Maß der eigenen Tugend – und auf diejenigen hinabzuschauen, die weniger Glück haben als sie selbst. Die meritokratische Überheblichkeit spiegelt die Neigung der Gewinner wider, ihren Erfolg zu tief in sich einzusaugen und das Glück und die günstigen Umstände zu vergessen, die ihnen auf ihrem Weg geholfen haben. Es ist die selbstgefällige Überzeugung derer, die an der Spitze landen, dass sie ihr Schicksal verdient haben, und dass diejenigen, die unten sind, ihres ebenfalls verdienen.« Ein Bewusstsein für die Zufälle unseres Geschicks führe uns zu einer gewissen Demut, durch die man erkenne, dass es auch ganz anders hätte kommen können. »Eine vollkommene Meritokratie verbannt jedoch jeden Sinn für Gabe oder Gnade. Sie mindert unsere Fähigkeit, uns als Teil einer Schicksalsgemeinschaft zu sehen. Sie lässt wenig Raum für die Solidarität, die entstehen kann, wenn wir über die Zufälligkeit unserer Talente und unseres Glücks nachdenken. Das macht Leistung und Verdienst zu einer Art Tyrannei oder ungerechten Herrschaft.«[176]

Zwischen Potenzialentfaltung und Zwang zur Selbstoptimierung

Der Markt zur Persönlichkeitsentwicklung ist ein Spiegel all dieser Entwicklungen. Mit dem Aufstieg der Dienstleistungsgesellschaft wurden soziale und emotionale Kompetenzen wichtiger, wie die Weiterbildungsprogramme des Wirtschaftsförderungsinstituts (WIFI) zeigen: Gab es in den 1960er- und 1970er-Jahren nur wenige Angebote rund um die Persönlichkeit, ist die Angebotsvielfalt zur persönlichen Potenzialentfaltung in den 1980er- und insbesondere in den 1990er-Jahren stark gestiegen.[177] Persönlichkeitsentwicklung ist im Kontext der Wettbewerbslogik eine Anpassungsleistung, die indirekt zur Selbstoptimierung nötigt, um nicht den Anschluss zu verlieren. Um »fit für den Arbeitsmarkt« zu bleiben, heißt es in einem Weiterbildungsprogramm, müsse man sich »persönlich weiterentwickeln«, »sich selbst justieren« und »reflektieren«, »professionell managen« und »vermarkten«. In einer Studie zu Weiterbildungstrends werden die Persönlichkeitsentwicklung und das lebenslange Lernen als »die einzig verbliebene Krisenbewältigungsstrategie« bezeichnet.[178] Oder positiv formuliert in den Worten der Beraterin Simone von Stosch: »Wir müssen lernen, mit Brüchen, Neuanfängen und Berufswechseln umzugehen. Das erfordert die Rückbesinnung auf die eigene Persönlichkeit, auf das, was ich will, was ich kann.«[179]

Positive Emotionen wie Glück, Leidenschaft und Engagement gehören heute zu einem »Mindset«, das Erfolg ausstrahlt oder erfolgreich machen soll. Die zur Schau gestellte Leidenschaft in der Arbeitswelt hat zwei Seiten: Sie ist Ausdruck unseres Strebens, für etwas Geld zu bekommen, das erfüllend ist und Freude macht. Sinnvolle Arbeit ist für fast 90 Prozent der Arbeitnehmer:innen hierzulande sehr oder eher wichtig. Dazu kommt der Anspruch, dass die Werte des Arbeitgebers mit den eigenen Werten übereinstimmen sollten.[180] Die Beratungsfirma McKinsey hat gefragt, warum Leute nach oder sogar während der Corona-Krise ihren Job aufgegeben haben. Als wesentliche Gründe wurden angegeben: sich nicht wertgeschätzt fühlen, fehlender Sinn in der Arbeit und kein Gefühl der Zugehörigkeit.[181] Hartmut Rosa spricht von einem Resonanzverlangen, an dem beide Seiten beteiligt sind. Arbeitnehmer:innen (wie auch Selbstständige) erwarten, eine Arbeit zu haben, die sie anspricht, die ihnen etwas bedeutet, in der sie sich selbstwirksam entfalten können. Genau das verlangen auch die Arbeitgeber:innen, nämlich dass die Beschäftigten sich voll und ganz einbringen und sich mit den Anforderungen der Arbeitsgeber:innen identifizieren.[182]

Wo der Druck steigt, ist heute aktives Stressmanagement gefragt. Immer beliebter werden Achtsamkeit, Yoga und Meditation, die beides sind: eine Methode zur Stressreduktion, aber auch eine Form der Selbstoptimierung – man will sich etwas Gutes tun und mehr aus sich herausholen. Stress wird aber nicht nur als leidvoll erfahren, sondern gilt auch als Statussymbol. Stress verweist darauf, dass man aktiv ist und gebraucht wird. Die eigene Leistungsfähigkeit oder den Köper immer weiter zu optimieren, wird auch als innere Befriedigung erfahren. Von besonderer Bedeutung scheint Rosa eine schleichende Umwertung der Werte zu sein, die sich als Nebenfolge der wachsenden To-do-Listen ergibt. Die alltägliche Agenda vieler Menschen orientiert sich an der Dringlichkeit der zu erledigenden

Aufgaben, nicht nach ihrer empfundenen Wichtigkeit. Dinge, die keine Frist haben, aber als subjektiv wertvoll erachtet werden, bleiben häufig auf der Strecke. Das Dringliche gewinnt gegenüber dem Wichtigen schleichend, aber wirkungsvoll an Bedeutung.[183]

Selbstoptimierung im Spiegel der drei großen Ängste unserer Zeit

Ein wichtiger Erfahrungsbegriff der heutigen Gesellschaft ist der Begriff der Angst. Angst ist hier ein Begriff für das, was die Leute empfinden, was ihnen wichtig ist, worauf sie hoffen und woran sie verzweifeln.

Heinz Bude, »Gesellschaft der Angst«

Der Soziologe Heinz Bude hat vor einigen Jahren die These aufgestellt, dass unsere Zeit von drei großen Ängsten geprägt sei: der Angst, nicht zu genügen, der Angst, etwas zu verpassen, und der Angst, sich selbst zu verfehlen. Diese Ängste würden stärker an die Oberfläche drängen, weil die »Lebensphilosophie des potenten Ichs«, das vermeintlich alles für sich machen kann und niemand anderen mehr braucht, in die Krise geraten ist.[184] Ich fasse das vorangegangene Kapitel im Spiegel dieser drei Ängste zusammen, die unsere Bemühungen zur Selbstoptimierung beflügeln, die sich aber umgekehrt auch aufgrund von Selbstoptimierungsdenken verstärken können.

Als ich mit dem Studium begann, habe ich Seminararbeiten noch auf Disketten abgespeichert und bin zum Telefonieren in die Telefonzelle gegangen. Jede:r findet zahllose solcher Beispiele, mit denen man erstaunt oder belustigt feststellen kann, wie schnell und tiefgreifend der technologische Wandel stattfindet. Globalisierung, Digitalisierung und Automatisierung haben unseren Alltag umgepflügt. Auch dort, wo sie noch keine realen Existenzsorgen geschaffen haben, sorgen sie bei vielen für eine schleichende Ungewissheit, wie es weitergeht. Es gibt die Angst, den Anschluss zu verlieren, nicht ausreichend aktiv zu sein, nicht über die erforderlichen Kompetenzen und Ressourcen zu verfügen, um »am Ball« zu bleiben. Selbstoptimierung orientiert sich in diesem Kontext »hin zur Mitte«. Für Reckwitz ist es kein Zufall, dass Resilienz in den letzten Jahren zu einem viel diskutierten Thema geworden ist. Die Gesellschaft wie auch das Individuum wollen sich wappnen gegen Krisen, mit denen zu rechnen ist. Im Resilienzdenken geht es nicht mehr primär um Verbesserung, sondern um Selbstschutz.[185] Selbstoptimierung reagiert hier auf eine gesellschaftliche Verbesserungslogik, die in den Worten der Soziologin Paula-Irene Villa »das Mittelmaß zum Defizitzustand« macht: »Hier noch ein Kurs und da noch eine Zusatzkompetenz, noch mehr Weiterbildung, mehr Sport, damit man zeigt, dass man sich diszipliniert und schindet. Das passiert selbstverständlich nicht bewusst, das ist klar. Es gibt keinen Plan, dass die Leute sagen, ich bin verunsichert, also mache ich Sport. Aber so interpretieren wir das aus der soziologischen Kenntnis heraus.«[186]

Dadurch wird immer wieder neu definiert, was Normalität ist. Yoga beispielsweise war in den 1970er-Jahren eine alternative Praxis, die gegen den gesellschaftlichen Mainstream gerichtet war. Heute ist Yoga in der gesellschaftlichen Mitte angekommen und »verkörpert« nicht nur Gesundheit und Selbstfürsorge, sondern auch Flexibilität, Leistungsfähigkeit, Disziplin und Fitness. Wie Yoga hat auch Fitness seine Wurzeln in der Gegenkultur. Laufen war eine Form der Selbstermächtigung und ein alternativer Lebensstil. Fitness ist heute Mainstream. 2018 betrug die Zahl der Mitglieder in Österreichs Fitnessclubs fast 1,1 Millionen, das sind über 12 Prozent der Bevölkerung.[187] Aus welcher Motivation heraus der/die Einzelne auch trainiert, der Fitnessboom zeigt: Anerkennung ist heute stark vom Körper abhängig und die Freiheit, sich zu verbessern, vermischt sich mit dem Wunsch, so zu handeln, wie es eben »normal« erscheint.[188]

Neben der Selbstoptimierung als Resilienzprogramm gibt es die Selbstoptimierung als Fortschrittsprogramm. In unserer Gesellschaft, in der so viel über Potenziale geredet wird, entsteht dabei fast zwangsläufig ein »Energieproblem«: Wir sollen das Beste aus uns herausholen, aber wir schaffen nicht genug. Wir sind nicht leidenschaftlich genug. Wir sind nicht diszipliniert genug. Wir stehen nicht genug »unter Strom«.[189] Dieser Eindruck verstärkt sich noch, weil es heute immer mehr Menschen und Unternehmen gibt, die etwas »lieben«, »mit Leidenschaft tun«, »Spaß haben« und für etwas »brennen«. Lebensratgeber suggerieren uns ein Leben, das uns ganz zu verwandeln verspricht: Wenn wir nur »richtig« lieben, leben und arbeiten würden, dann wären wir in unserer Potenzialentfaltung dort, wo wir die Autor:innen bereits wähnen. Im Vergleich zu ihnen scheint unser Leben gewöhnlich und fehlerhaft. Wir wissen: Unliebsame Muster und Gewohnheiten loszuwerden ist ebenso schwierig, wie neue Routinen aufzubauen. Manchmal verzeichnen wir Fortschritte, häufiger versandet die Motivation und wir schaffen es doch nicht, so glatt und lichtvoll zu sein, wie es jene scheinen, von denen wir uns Rat erhoffen. Wir tragen immer noch unsere Eigenheiten, Zweifel, Unsicherheiten, Verletzlichkeiten und ambivalenten Gefühle mit uns. Es ist ein Paradox: Je perfekter der Mensch werden will, desto unvollkommener wird er.[190]

Norberto Bobbio wäre wohl kein guter Mentor an einer Akademie zur Potenzialentfaltung geworden. Was der Rechtsphilosoph als alter Mann schrieb, könnte man als umgekehrtes Paradox bezeichnen: Die Demut seiner Gedanken entlastet und erdet uns in unserem ungebrochenen Streben, etwas aus uns und unserem Leben zu machen: »Das Alter ist auch die Zeit der Bilanzen. Und die Bilanzen sind immer etwas melancholisch, wobei die Melancholie als das Bewusstsein um das Unvollkommene, um das Missverhältnis zwischen den guten Vorsätzen und den tatsächlich vollbrachten Taten zu verstehen ist. Du bist am Ende des Lebens angekommen und hast doch den Eindruck, am Ausgangspunkt stehengeblieben zu sein, was das Wissen um Gut und Böse betrifft. Alle großen Fragen sind unbeantwortet geblieben. Nachdem du immer versucht hast, deinem Leben einen Sinn zu geben, erkennst du jetzt, dass es keinen Sinn hat, sich die Frage nach dem Sinn zu stellen, und dass das Leben in seiner Unmittelbarkeit angenommen und gelebt werden muss, wie es die allermeisten Menschen tun. Aber wie lange hat es gedauert, bis du zu dieser Schlussfolgerung gekommen bist!«[191]

Die Angst, etwas zu verpassen

Es gibt Liebe zur Gewohnheit, die Vertiefung durch Wiederholung, durch Routine und Rituale. Ihr gegenüber steht die Suche nach Intensität, die ein Leben als gelungen bewertet, wenn man viel erlebt und wenig verpasst. Oliver Burkman bringt das Dilemma des Menschen schön auf den Punkt: Wir haben die geistigen Fähigkeiten, mehr oder weniger endlos Pläne zu schmieden, aber wir haben kaum Zeit, sie in die Realität umzusetzen. Angenommen, man wird achtzig Jahre alt, dann hat man etwa 4 000 Wochen Zeit, bevor das eigene Leben endet.[192] FOMO ist das Kürzel für ein Lebensgefühl: Fear of missing out. Die Angst, etwas zu verpassen, ist die Kehrseite des Aufrufs, sein Leben »voll auszuschöpfen«. Sie wird von der bangen Frage begleitet: Ist das, was ich habe, was ich beruflich und privat bin, was ich erlebe »gut genug«? Eine bekannte Reihe aus dem Bereich der Reiseführer heißt: »1 000 places to see before you die«. Stress lass nach. Je mehr Optionen wir haben, desto schwieriger wird das Abwägen der richtigen Wahl und Entscheidung – und desto leichter schleichen sich Gefühle der Unzufriedenheit oder Reue ein. Im Bereich der Kaufentscheidungen haben Experimente gezeigt, dass bei einer großen Auswahl Kund:innen mehr probieren, aber weniger kaufen als bei einer kleinen Auswahl. Dazu kommt ein tiefsitzender Denkfehler, den wir gerne machen: Unsere Zwickmühle besteht häufig darin, dass *alle* verfügbaren Optionen aus der Ferne viel besser aussehen, als jede bestimmte Einzeloption aus der Nähe betrachtet. Das passiert, wenn wir die übrigen Optionen gegen die eine abwiegen.[193] Um dieser Zwickmühle zu entgehen, empfiehlt der Psychologe Svend Brinkmann, sich auf das stoische Ideal der inneren Ruhe zu besinnen. »Wenn Sie nicht nein zu Dingen sagen können, die Sie ablenken – weil Sie zum Beispiel fürchten, etwas zu verpassen –, wird es schwierig, innere Ruhe zu finden und die gegenwärtigen Umstände zu akzeptieren. In der beschleunigten Kultur ist Sinnesruhe allerdings kein wünschenswerter Zustand, sondern ein Problem«.[194]

Etwas zu verpassen, das reizvoll erscheint, kann ein Eindruck sein. Es kann sich durch eine Frage relativieren: Bedeutet mir das, was ich tatsächlich oder vermeintlich verpasse, nicht mache, nicht habe, wirklich etwas? Oder ist es mir eigentlich gar nicht so wichtig? Es kann sich als eine Fantasie herausstellen, von der ich mich treiben lasse: *Wie wäre es, wenn …?* In der Regel bereut man später eher Dinge, die man nicht gemacht hat, als jene, die man gemacht hat. Es gibt aber auch den versöhnlichen Blick auf das, was eben nicht so war, wie man es gerne gehabt hätte. Der Psychoanalytiker Adam Philipps hat ein Buch geschrieben mit dem Titel *Missing out.*

In Praise of the unlived Life.[195] Es ist ein Lob auf das ungelebte Leben, das genauso zu unserem Leben gehört, wie das, das wir haben. Der Aufruf, »unsere Potenziale« auszuleben, ist nicht nur unbestimmt und unrealistisch, sondern auch ziemlich anstrengend. Im Spiegel sehe ich die Person, die ich schon geworden bin. Ich sehe auch all das, was ich nicht gemacht habe und nicht geworden bin. Das ungelebte Leben kann uns inspirieren und nach vorne ziehen. Wir können unseren Sehnsüchten nachgehen, aber auch mit Gefühlen wie Angst, Reue oder Neid experimentieren. Um neue Erfahrungen zu machen und Ziele zu erreichen oder am Ende draufzukommen, dass die Erfüllung dieses Ziels doch nicht so erfüllend ist, wie wir es uns ausmalten. Aber egal, wie erfüllt ein Leben ist, es bleibt immer ein viel größeres ungelebtes Leben.

2010 bekam der Schriftsteller Wolfgang Herrndorf die Diagnose Kopftumor. Er hatte gerade zum ersten Mal größeren Erfolg mit seinem Roman *Tschick*. Herrndorf begann ein Tagebuch über seine Krankheit zu schreiben. Intensives Leben wechselte mit Panik und Todesangst. Er starb 2013 im Alter von 48 Jahren. In einem seiner letzten Einträge wenige Tage vor seinem Tod blickte er mit einem melancholischen, vermutlich auch versöhnlichen Blick auf sein ungelebtes Leben zurück: »Ich kann kein Instrument spielen. Ich kann keine Fremdsprache. Ich habe den Vermeer in Wien nie gesehen. Ich habe nie einen Toten gesehen. Ich habe nie geglaubt. Ich war nie in Amerika. Ich stand auf keiner Bergspitze. Ich hatte nie einen Beruf. Ich hatte nie ein Auto. Ich bin nie fremdgegangen. Fünf von sieben Frauen, in die ich in meinem Leben verliebt war, haben es nicht erfahren. Ich war fast immer allein. Die letzten drei Jahre waren die besten.«[196]

Die Angst, sich selbst zu verfehlen

Die Angst, sich selbst zu verfehlen, nennt Bude die größte Angst. Sie bezieht sich auf ein diffuses Streben: sich selbst finden, sich selbst verwirklichen, die »beste Version« seiner selbst werden. Wie können wir dieses diffuse Streben konkret mit Leben füllen und in eine stimmige Richtung lenken? Die Vorstellung, dass man »in sich« ein »wahres Ich« findet, wenn man aufmerksam genug »in sich hineinschaut«, schreiben Illouz und Cabanis, macht uns blind dafür, wie viele mögliche Wege wir einschlagen hätten können und ausgeschlagen haben, um die zu werden, die wir geworden sind: »Es gibt kein einziges, maximal authentisches, gewissermaßen höchstes Selbst zu erreichen, so wenig wie ein einziges höchstes Ziel im Leben. Das gleiche gilt für das Glück. Mit jeder moralischen Wahl wird immer ein anderes Gut geopfert, eine erstrebenswerte Identität, Werte, für die es lohnt zu kämpfen (...). Hierin liegt die Tragik der Wahl.«[197]

Ein Schriftsteller, der sich intensiv mit der Frage auseinandergesetzt hat, was es bedeutet, sich nicht zu verfehlen, war Hermann Hesse. Er lebte in einer Zeit, die von Konformität, Pflicht und »großen Erzählungen« wie Religion und Nation geprägt war. Auch wenn sich der kulturelle Kontext stark gewandelt hat, spricht er mit seinen Gedanken heute immer noch seine Leser und Leserinnen an. In einem Brief aus dem Jahr 1947 schrieb er einer Frau: »Suchen Sie mit allen Kräften eine Ihnen gemäße Lebensform, auch wenn Sie alle ›Pflichten‹ dafür versäumen. Die Pflichten beziehen einen großen Teil ihrer Heiligkeit, wenn nicht die ganze, aus einem Mangel an Mut im Kampf um ein Privatleben.« In einem Brief aus dem Jahr 1955 bemerkt er: »Es gibt für uns keinen anderen Weg der Entfaltung und Erfüllung als den der möglichst vollkommenen Darstellung des eigenen Wesens nach dem Gebot: ›Sei du selbst‹. Dass dieser Weg durch viele moralische und andre Hindernisse erschwert wird, dass die Welt uns lieber angepasst und gehorsam sieht als eigensinnig, daraus entsteht für jeden mehr als durchschnittlich individualisierten Menschen der Lebenskampf.«[198]

Hesse erzählt in seinen Büchern von Konflikten mit sich und der Gesellschaft, von der Suche nach Sinn in einem vergänglichen Leben. Inwiefern wird man auf diesem Weg ein anderer? Der Philosoph Pierre Zaoui stellt diese Frage in ein interessantes Licht. Heute gibt es einen Hype um das Streben nach Veränderung. Er sieht in dieser liberalen Ideologie, in deren Zentrum das autonome Individuum steht, eine Art religiöses Versprechen, nämlich von einem Zustand in einen anderen zu wechseln. »Meiner Ansicht nach ist das, was man sich in Wahrheit wünscht, nicht, ein anderer zu werden, sondern eher auf intensivere Weise man selbst zu sein. Kein radikaler Wandel des Selbst, sondern in seinem Selbst akzeptiert und bestärkt zu werden. Damit es eine wirkliche Veränderung geben kann, muss man, glaube ich, den Mahnungen zu fortwährender Veränderung widerstehen – vor allem darf man sich nicht verändern wollen!«[199]

Charles Pepin formuliert denselben Gedanken etwas anders, indem er sagt, die Kunst bestehe darin, sein eigenes Begehren zu kennen und diesem Begehren, der eigenen Suche, treu zu bleiben. Wer umgekehrt nicht weiß, was das eigene Begehren ist, macht die Begierden der anderen zu den eigenen. »Es gibt kein echtes Selbstvertrauen ohne Treue zu sich selbst (…). Die Treue zum eigenen Begehren ist das Gegenmittel gegen das Gift des Vergleichens.«[200] Dabei gibt es keine Abkürzungen, wie es die Selbsthilfe mit ihren Angeboten für ein leichtes Leben verspricht. Hesse selbst ist seinen Weg zu Ende gegangen, aber nie ganz angekommen. Kurz vor seinem Tod schrieb er in einem Brief, dass er »nicht über den Zweifeln und Fehlern« steht, »sondern mitten darin«.[201]

Persönlichkeit, Persönlichkeitsbildung, Persönlichkeitsentwicklung

Wir ändern uns, weil wir uns den Anforderungen des Lebens anpassen. Und wir bleiben, wer wir sind, weil wir dies auf die uns eigene Art und Weise tun.
Franz Neyer/Judith Lehnart

Die Persönlichkeit ist der Kristallisationspunkt der Selbstoptimierung. Anders, besser, mehr – diese Ziele treiben einen boomenden Persönlichkeitsentwicklungsmarkt an. Dass die Persönlichkeit seit vielen Jahren ein Topthema ist, zeigt bereits ein Blick in die Stellenanzeigen. Wer ins Profil passen will, muss nicht nur die nötigen Qualifikationen mitbringen, sondern auch eine Reihe persönlicher Eigenschaften besitzen oder – wie man jetzt gerne sagt – das richtige »Mindset«. Laut aktuellem Jobmonitor der Bertelsmann-Stiftung werden in Ausschreibungen am häufigsten die Kompetenzen Einsatzbereitschaft, Teamfähigkeit und Selbstständigkeit gefordert. Deutlich häufiger als vor vier Jahren verlangen Arbeitgeber:innen außerdem Frustrationstoleranz, Einfühlungsvermögen und eine positive Grundstimmung.[202] Eine Umfrage unter 1500 österreichischen Personalverantwortlichen hat folgende Liste an Wunschfähigkeiten ergeben: Kommunikationsfähigkeit, Ausdauer und Belastbarkeit, Kritikfähigkeit und Selbstreflexion, gefolgt von Flexibilität,

Lernfähigkeit sowie sozialer Kompetenz. Empathie, Teamfähigkeit sowie Konfliktlösungskompetenz stehen aktuell noch vor Leistungsbereitschaft, Engagement und der Fähigkeit zum vernetzten Denken und Arbeiten.[203] Zumindest viele Lebensläufe von Bewerber: innen kommen diesem Idealbild einer Persönlichkeit nahe. Was aber versteht man eigentlich unter einer Persönlichkeit? Was bedeutet Persönlichkeitsentwicklung, und inwiefern können wir uns überhaupt gezielt verändern?

Persönlichkeitsbildung: ein weites Feld

Sprachgeschichtlich haben sich für den Begriff Persönlichkeit zwei Wortbedeutungen etabliert: »ein in sich gefestigter Mensch« und »eine bedeutende Person des öffentlichen Lebens«.[204] Heute bedeutet Persönlichkeitsbildung, allgemein formuliert, sich ein bestimmtes Können und Wissen anzueignen oder bestimmte Selbst- und Sozialkompetenzen einzuüben. Kompetenz zeigt sich im praktischen Können, das auf einem notwendigen Wissen in einer Disziplin fußt. Im Begriff Kompetenz ist der Optimierungsgedanke bereits enthalten. Kompetenz steht in enger Verbindung mit Begriffen wie Motivation, Lernen, Ziele, Strategien, Selbstreflexion und wird als Fähigkeit einer Person zur selbstständigen Weiterentwicklung von Wissen, Können und Verhalten beschrieben.[205] Entsprechend weit gefasst zeigt sich das Themenfeld der Persönlichkeitsentwicklung. Es reicht vom Mentaltraining als gezieltes Motivations-Body-Building bis hin zu ausgefallenen Selbsterfahrungspraktiken. Ein Branchenvertreter hat zum Beispiel folgende Bereiche aufgelistet: Kommunikation, persönlicher Erfolg, Zufriedenheit, Effizienz, Problemlösung, Selbstwertgefühl, Leadership, Inspiration, Gesundheit, Zielfindung, Zielerreichung, Kreativität, Motivation, Gleichgewicht Beruf/Familie; außerdem werden Themen genannt wie Präsentationstechnik, Rhetorik oder

Zeitmanagement, aber auch Yoga, Meditation, Energie-Arbeit, Astrologie und andere alternative Methoden. Kurz gefasst gehe es bei Persönlichkeitsbildung um Lebensverbesserung.[206]

Persönlichkeit: stabil und in Bewegung

Was versteht man überhaupt unter einer Persönlichkeit? Der Kern einer Persönlichkeit sind ihre zeitstabilen Eigenschaften, die sich wenig oder nur langsam ändern. Persönlichkeit ist das, was einen Menschen über einen langen Zeitraum charakterisiert.[207] Sie ist gewissermaßen die »Essenz« einer Person, die Summe all dessen, was sie von anderen unterscheidet: ihre individuelle Art zu fühlen, zu denken und zu handeln.[208] Eine Persönlichkeit umfasst also jene Erlebens- und Verhaltensneigungen, die für einen Menschen charakteristisch sind und sich über dessen gesamte Lebensspanne in bestimmten Situationen immer wieder in seinem Verhalten zeigen. Besonders ängstliche oder besonders freundliche Kinder werden meistens auch zu eher ängstlichen oder freundlichen Erwachsenen, während sich etwa Interessen oder Ziele im Laufe der Jahre grundlegend verändern können.[209] Weit verbreitet ist das Fünf-Faktoren-Modell (Big Five), um die Grundachsen einer Persönlichkeit zu beschreiben: emotionale Stabilität, Extraversion/Introversion, Offenheit für neue Erfahrungen, Verträglichkeit sowie Gewissenhaftigkeit/Verlässlichkeit – gereiht nach abnehmender Bedeutung dieser Dimensionen. Jede Persönlichkeit weist, unterschiedlich ausgeprägt, diese fünf Charakterzüge auf.[210] Die spezifischen Ausprägungen der »Big Five«, die über normale Stimmungsschwankungen hinaus einigermaßen stabil bleiben, zeichnen uns als Persönlichkeit aus.

Ergebnisse der Zwillingsforschung und der molekularen Verhaltensgenetik zeigen, dass bis zu 50 Prozent der Persönlichkeitsunterschiede zwischen Menschen genetisch bedingt sind. Im Laufe des Lebens ist es aber nicht mehr leicht auszumachen, was Anlage und was Umwelt ist. Denn Menschen suchen jene Lebensumstände, Rollen, Milieus und Partner aus, die ihnen entsprechen. Und diese wiederum verstärken bereits angelegte Wesenszüge. So entsteht unsere Identität, die der Philosoph Arthur Schopenhauer mit folgenden Worten beschrieben hat: »Man nimmt an, die Identität der Person beruhe auf der des Bewusstseins. Versteht man aber unter dieser bloß die zusammenhängende Erinnerung des Lebenslaufs, so ist sie nicht ausreichend. Wir wissen von unserem Lebenslauf allenfalls etwas mehr als von einem ehemals gelesenen Roman. (...) Je älter wir werden, desto spurloser geht alles vorüber. Hohes Alter, Krankheit, Gehirnverletzung, Wahnsinn können das Gedächtnis ganz rauben. Aber die Identität der Person ist damit nicht verlorengegangen. Sie beruht auf dem identischen Willen und dem unveränderlichen Charakter desselben. Er eben auch ist es, der den Ausdruck des Blicks unveränderlich macht. Im Herzen steckt der Mensch, nicht im Kopf.«[211]

Fertig ist die Persönlichkeitsentwicklung trotzdem niemals ganz. Weil sich dieser Prozess aber schleichend vollzieht, bekommen wir meist wenig davon mit. Berufliche Lebensereignisse wirken sich beispielsweisepositiv auf die Gewissenhaftigkeit und emotionale Stabilität aus. Für Menschen, die ihre Persönlichkeit herausfordern wollen, können gerade jene Berufe bereichernd sein, die ihrer bisherigen Persönlichkeit zu widersprechen scheinen. Nicht immer werden solche Impulse in starke Veränderung münden, aber mit einiger Wahrscheinlichkeit kann man dadurch sein Repertoire an Denk-, Fühl- und Verhaltensmustern erweitern. Die stärksten Schwankungen erleben unser Selbstwertgefühl und das subjektive Wohlgefühl, negativ etwa durch Arbeitslosigkeit oder positiv durch eine romantische Beziehung. Viele erwarten, dass sich die Persönlichkeit grundsätzlich zum Positiven verändert. Menschen werden im Laufe der Jahre aber häufig auch dünnhäutiger, verletzlicher, ängstlicher, verknöcherter, verbitterter. Einschneidende negative Lebensereignisse senken im Schnitt die emotionale Stabilität und fördern Ängstlichkeit, Sorgen und Traurigkeit. Menschen, deren Leben nicht stark überschattet ist, wird es im Schnitt leichter fallen, sich an neue Lebenssituationen anzupassen und dadurch die Persönlichkeit weiterzuentwickeln.[212]

Persönlichkeitsveränderung: möglich und erstrebenswert?

Der Persönlichkeitsbildungsmarkt hält viele Versprechen bereit, rasche Veränderungen zu erzielen und Glück und Erfolg zu optimieren. Dabei wird einem Unterschied kaum Beachtung geschenkt: dem zwischen Lernen und Entwicklung. Sich ein bestimmtes Wissen und Können anzueignen, bedeutet zunächst nur, etwas Neues zu lernen. Die Persönlichkeit zu entwickeln ist dagegen viel aufwendiger und zeitintensiver. Sie geht mit einer Veränderung der Identität oder auch des eigenen Selbstverständnisses einher. Elmar Türk fragt zu Recht: »Wie oft träumen wir von Entwicklung, budgetieren aber bestenfalls lernen«.[213]

In der Wissenschaft ist es umstritten, inwiefern die Persönlichkeit »in Stein gemeißelt« oder veränderbar ist. Zwar verändern wir uns im Laufe des Lebens, doch es bleibt fraglich, ob wir unsere Persönlichkeit mit ihren tausendfach erprobten, verinnerlichten und automatisierten Verhaltensgewohnheiten gezielt ändern können. Der Sozialpsychologe Jonathan Haidt veranschaulicht die Herausforderung mit dem Bild des Reiters auf dem Rücken des Elefanten. Der Reiter stellt unser bewusstes Denken dar. Der Elefant ist alles andere, das Bauchgefühl, instinktive Reaktionen, Emotionen, das Unbewusste und so weiter. Wir würden dem Reiter zu viel Gewicht beimessen. Der Reiter könne nicht einfach eine Veränderung beschließen und dann den Elefanten verpflichten, sich an das neue Programm zu halten. Dauerhafte Veränderung trete nur ein, wenn man den Elefanten umerzieht, und das sei schwierig.[214]

Kein Wunder, dass die Weltliteratur voller Charaktere ist, die in ihre Umstände verstrickt und letztlich Opfer des eigenen Umgangs mit diesen Umständen sind. Der Protagonist in Michel Houellebecqs Roman *Serotonin* denkt sich, man könne das Leben der Leute nicht wirklich ändern, »die Leute stellen selbst den Mechanismus ihres eigenen Unglücks her, sie ziehen ihn mit einem Schlüssel bis zum Anschlag auf, und dann läuft er immer weiter, (…) bis zum Ende«.[215] In William Somerset Maughams 1915 veröffentlichten Roman *Des Menschen Hörigkeit* versteigt sich der Protagonist Philip Carey immer wieder in überspannte Hoffnungen, die kurzzeitig in der »Freundschaft plus« mit Norah zur Ruhe kommen. Er sagt zu ihr: »Du machst dir nie schwere Gedanken, du bist nicht schwierig, und es ist leicht, dich zufrieden zu stellen.« Darauf sie: »Das ist alles Unsinn. Aber ich sage dir was. Unter den Menschen, die mir begegnet sind, gehöre ich zu den wenigen, die es fertiggebracht haben, aus ihren Erfahrungen zu lernen.«[216] Sie hat erkannt, dass Einsicht meist nichts ändert, weil Verhalten nicht aus Einsicht entsteht.

Der Hirnforscher Gerhard Roth bremst daher die Erwartung auf schnelle Veränderungserfolge: Alle Änderungen, die tiefer gehen, dauern sehr lange. Appelle an die Einsicht laufen ins Leere. Es müssen immer tiefe Gefühle und Motive mit dabei sein, sonst gebe es keine Chance auf Veränderung. Vor allem vier Faktoren sind seiner Ansicht nach entscheidend: Erstens muss die Bereitschaft zur Veränderung da sein. Dabei unterscheiden sich dynamische Menschen (mit dem negativen Typus des Veränderungssüchtigen) von den stabilen Menschen (mit dem negativen Typus des Veränderungsvermeiders). Zweitens braucht man einen erheblichen Leidensdruck. Drittens muss man wissen, was man von einer Veränderung hat, also eine Belohnungserwartung haben. Viertens braucht es für jede kleine Veränderung extreme Geduld und ein sorgfältiges Vorgehen.[217] Jule Specht ist in dieser Frage ebenfalls vorsichtig: Die Psychotherapie zeige, dass Menschen auch langfristig emotional stabiler werden können. Einzelne Muster könne man ändern, wenn man gezielt und über einen längeren Zeitraum trainiert. Von einer Persönlichkeitsänderung würde man aber erst sprechen, wenn man in verschiedenen Situationen nicht mehr so agiert wie früher. Abseits der Psychotherapie müssten drei Voraussetzungen für eine zielgerichtete Veränderungen gegeben sein: Zunächst müssen wir uns überhaupt ändern wollen. Es braucht ein tiefgehendes Commitment und ein klares Bild davon, was zu tun ist. Wir müssen außerdem das Gefühl haben, dass wir uns überhaupt ändern können. Die dritte Voraussetzung ist die Gewöhnung. Erst wenn wir neue Verhaltensmuster automatisieren, kommt es zu einer echten Persönlichkeitsveränderung – ein langwieriger Prozess, dessen Erfolg meist erst nach Jahren sichtbar wird.[218]

Der Psychologe Paul Dolan rät daher, Veränderung durch »bewusstes Denken« zu vermeiden. Sein Denken zu ändern, sei äußerst schwer. Besser sei es, die Umwelt zu verändern, in der wir agieren. Eine andere Umgebung verändert Aktivitäten und diese wiederum können beeinflussen, wie wir denken und fühlen.[219] Ähnlich argumentiert Daniel Nettle: Auf der Ebene der Charakterzüge lasse sich nicht viel ausrichten, auch wenn es im Laufe des Lebens zu leichten Verschiebungen auf den Grundachsen der »Big Five« komme. Auf einer zweiten Ebene gebe es aber für unsere Charakterzüge verschiedene Ausdrucksmöglichkeiten, die mit unserer Biografie, den Chancen, die wir vorfinden, oder individuellen Entscheidungen zusammenhängen. Zudem könnten wir unsere Persönlichkeit bewusst »mit oder gegen den Spin« zum Ausdruck bringen. Schließlich gebe es noch die Ebene der subjektiven Lebensgeschichte, die uns Spielraum darüber gibt, auf welche Weise wir unsere Vergangenheit erinnern und wie wir uns unsere Lebensgeschichte erzählen und bewerten.[220]

Zugleich stellt sich die Frage: Ist es überhaupt erstrebenswert, seine Persönlichkeit zu verändern? Die meisten Menschen, so Specht, wollen das. Sie wollen extrovertierter, gelassener, selbstdisziplinierter und vieles mehr sein. Persönlichkeitsmerkmale sind jedoch nicht an sich gut oder schlecht. Sie können in einem Kontext suboptimal sein, sich in einem anderen Kontext aber auszahlen. Gerade die Vielfalt der Persönlichkeiten ist ein großer gesellschaftlicher Wert. Den Trend zur Gleichmacherei, der in unserer Zeit der Selbstoptimierung oft durchschlägt, hält sie für bedenklich. Die Veränderlichkeit des eigenen Charakters nur so aufzufassen, dass man sich zunehmend optimiert, sei der falsche Weg. Die Kunst bestehe vielmehr darin, sich so zu akzeptieren, wie man ist.[221]

Großes Glück, großer Erfolg: (Sonder-)Angebote zur Selbstoptimierung

Beraten werden ist heute das beliebteste Medium,
um Erlösung wahrscheinlicher zu machen.
Heiner Geißler

Soll das, was ich derzeit bin, tue und habe, denn
WIRKLICH schon alles in meinem Leben gewesen sein?
Jürgen Höller

Fazit des vorigen Kapitels: Es ist kompliziert. Dieser Eindruck schwindet allerdings, wenn man sich am Markt zur Persönlichkeitsentwicklung umsieht. Zum Einstieg einige Beispiele aus dem WIFI-Programm der letzten Jahre, die zeigen, wie Selbstoptimierung in der Persönlichkeitsentwicklung konzipiert ist: als tiefgreifendes Schnellservice. Das Seminar »Schlagfertige Gesprächsführung« stellt in Aussicht: »Nie wieder sprachlos!« Im Seminar »KörpersprachlICH – Wirkung ohne Worte« lernt man, seine optische Wirkung bewusster zu gestalten, vom gewinnenden Lächeln bis hin zu inneren Glaubenssätzen. Ein Achtsamkeits- und Resilienztraining eröffnet »massive Abkürzungen am Weg zu emotionaler, kognitiver und seelischer Stärke«. Im Seminar »Führung neu leben – Vom Potential zur Performance« entdecken die Teilnehmer:innen ihre Persönlichkeit und wie sie zu

Top-Performern werden. Im Seminar »Mentaltraining für Gründer und Unternehmer« erkennt man blockierende Glaubenssätze und erlangt Einsicht in die Kraft der positiven Gedanken. Im Seminar »Zeitmanagement und persönliche Arbeitsorganisation« bekommt man Anregungen, wie man seinen Tagesablauf optimiert. Im Seminar »Speed-Reading – schneller lesen, mehr behalten« wird erklärt, wie man doppelt so schnell liest und sich das Wesentliche besser merkt. Das Seminar »Souveränes und selbstbewusstes Auftreten« ist für alle, die ihre Ausstrahlung und Wirkung bewusst gestalten möchten. Das Seminar »Die eigene Persönlichkeit als Schlüssel für ein erfülltes Leben!« steht quasi als Meta-Botschaft über allen Angeboten dieser Art.[222]

Magisch gut drauf: das Positive Denken

Wo die Kraft der Persönlichkeit beschworen wird, ist meist das Positive Denken mit dabei. Bevor wir weitere Angebote ansehen, daher einige Worte zum Positiven Denken. Schon vor Jahrzehnten haben Autoren wie Dale Carnegie die frohe Botschaft des Positiven Denkens mit großem Erfolg verbreitet. Ihre Bücher sind auch heute noch populär. Das Positive Denken ist eine Form der Selbstbeeinflussung. Es basiert auf vier Grundüberzeugungen, die auch im Bereich der Persönlichkeitsentwicklung häufig aufgegriffen werden:

Positives Denken glaubt erstens, dass jedes Ziel erreichbar ist, wenn man sich von Zweifeln befreit und fest genug an das Erreichen des Ziels glaubt. Norman Vincent Peale war sich sicher: »Sie können vollbringen, was Sie zu denken vermögen. Denken Sie also, dass Sie es können, und Sie werden es können.« Positives Denken glaubt zweitens, dass Gedanken dazu drängen, sich zu verwirklichen und zu entsprechenden positiven oder negativen Resultaten führen. Das richtige Denken ist der Zauberstab, der alles verwandelt. Napoleon

Hill: »Entfalten Sie Ihre ganze Willenskraft und ergreifen Sie die uneingeschränkte Herrschaft über Ihren Geist. Es ist Ihr Geist! Er wurde Ihnen geschenkt als Diener, der Ihre Wünsche zu erfüllen hat.« Bei Kurt Tepperwein heißt es, dass man, um glücklich zu sein, dem Leben nur »die richtigen Anweisungen« geben muss. Positives Denken ist drittens davon überzeugt, dass jede:r zu weit Größerem fähig ist, als er oder sie ahnt. Napoleon Hill versichert: Wir sind »Herr unseres Schicksals«, sobald wir »Herr über unsere Einstellung zum Leben« sind – »das ist ein allgemein gültiges Gesetz«. Daraus folgt viertens ein bestimmter Umgang mit Hindernissen und Rückschlägen. Auch unter widrigen Umständen soll man optimistisch bleiben. Wer positiv denkt und nicht locker lässt, wird sein Ziel erreichen. Norman Vincent Peale: »Wirf deine ganze geistige Kraft über deine Hindernisse, und dein Selbst wird sie überwinden.« Oder Jürgen Höller in der Kurzform: »Gib nie, nie, niemals auf!« Dazu gehört auch, allen Widrigkeiten und Problemen etwas Gutes abzugewinnen. Dale Carnegie: »Wenn das Schicksal uns eine Zitrone gibt – machen wir Zitronenlimonade draus.«[223]

Großes Glück, großer Erfolg

Die »Glücksbotschafterin« Katharina Mühl wirbt für ein »Glückskompetenz-Training«: »Glücklichsein ist eine Fähigkeit, die wir trainieren können. Genauso wie wir Klavier spielen oder eine Fremdsprache erlernen, können wir auch unsere Emotionen trainieren.«[224] Der Ratgeber *Glücksfitness* bietet neben Glückstipps fürs tägliche Training auch einen Glückstest, um herauszufinden, was für ein Glückstyp man ist: »Wer fleißig trainiert, wird ein glücklicher Mensch.«[225] Dafür gibt es heute auch schon zahlreiche Apps wie beispielsweise Happify. Die App liefert »effektive Funktionen und Programme«, mit denen man sein eigenes Wohlbefinden »kontrollieren« kann.

Trainiert wird auch bei Peter Huber. Der Triathlet & Coach hat die Methodik des »Siegerprinzips« entwickelt, die im Sport wie im Job anwendbar ist. Die fünf Schritte, die auf die »Siegerstraße« führen, sind: 1) Die Opferrolle ablegen: »Jeder hat sein Glück selbst in der Hand.« 2) In Bewegung kommen: realistische Vorsätze formulieren und Leichtigkeit finden: »Wer [beim Golf] den Schläger verkrampft hält, wird den Ball nicht weit fliegen sehen.« 3) In die Planungsphase kommen: Ziele setzen und die Arbeitswoche strukturieren, zum Beispiel mit einem Tortendiagramm, das aufzeichnet, wie viel Zeit für welche Tätigkeit investiert wird. 4) In der »Schweißzone« wird der Plan diszipliniert umgesetzt: »Gerade beim Schwitzen arbeiten wir konsequent an unseren Schwächen.« 5) Und schließlich sollte man nicht vergessen, die »Siegermomente« zu genießen.[226] Die Vorträge zum »Siegerprinzip« heißen »Anything is possible. Wie aus dem eigenen Wunschdenken Realität wird« und »Volle Kraft voraus! Auf dem Weg zur Stärkenkultur«. Beide sind mit der Warnung versehen: »Achtung! Dieser Vortrag kann Ihr Leben verändern!«[227]

Noch vielversprechender ist das Seminar »Power up your Life« von Slatco Sterzenbach, der bereits 17-mal den Ironman »gefinisht« hat. Zur Veranschaulichung sei hier Tag 1 des Zwei-Tage-Seminars vorgestellt: Change your mind: »Du wirst unter anderem Techniken kennen und anwenden lernen, die dir deinen Monatsumsatz in nur einer Woche einbringen und noch vieles mehr!« Transform your Body: »Du wirst lernen, wie du mehr Energie durch kurze Trainingseinheiten und einfach umzusetzende Ernährungs-Hacks bekommst.« Heal your soul: »Im ersten Schritt wirst du zu einem mentalen Riesen transformiert. Du wirst erkennen, dass du selbst deine Grenzen sprengen und exakt das erreichen kannst, was du dir vorstellst. Im Anschluss wirst du gemeinsam mit Slatco deine Ängste verschwinden lassen, sodass du – befreit von deinen Ketten – dich und deine Träume verwirklichen kannst!« Noch mehr

Erkenntnisse gibt es in seinem neuen Buch *Iron Mind. Die 55 geheimen Gesetze der Peak Performance.* Geschrieben ist es »für ambitionierte Geschäftsführer, Unternehmer und Selbstständige, die ihre Energie in jedem Lebensbereich um 100 % steigern und mehr vom Leben wollen – ohne dabei auszubrennen oder andere Lebensbereiche zu vernachlässigen.«[228]

Viel Glück und Erfolg hat auch Jörg Löhr im Angebot. Der ehemalige Handballer nennt sich heute »Europas Persönlichkeitstrainer Nr. 1«. Seine Botschaft: »Persönlichkeitstraining – Ihr Schlüssel zum Erfolg!« Seminare im Bereich Persönlichkeit heißen etwa »Voll im Leben«, »Einfach mehr Erfolg!« oder »Tage des Durchbruchs«. Dass das Seminar hält, was es verspricht, bezeugt ein Teilnehmer auf der Homepage: »Niemals hätte ich es für möglich gehalten, dass sich eine Gruppe fremder Menschen in so kurzer Zeit so positiv verändern kann. Ich bedaure nur, dass ich das Seminar nicht schon vor 30 Jahren mitmachen konnte. Ich wäre Nobelpreisträger geworden!«[229]

Lothar Seiwert, der einmal Deutschlands, ein andermal sogar Europas führender Zeitmanagement-Experte ist, hat nach seiner sogenannten Bären- und Mäuse-Strategie die Tiger-Strategie vorgestellt. »Du hast einen Traum, weißt aber nicht, wie du ihn verwirklichen sollst? Du möchtest dein Leben verändern, doch du zögerst vor dem ersten Schritt in unbekanntes Terrain? Höchste Zeit, den Tiger in dir zu befreien!« Denn: »Wer der Spur des Tigers folgt, kann im Dschungel des Lebens alles erreichen.«[230] Lothar Seiwert ist einer von vielen »Top-Speakern« der 2002 gegründeten Redneragentur »Speakers Excellence«. Der Katalog ist eine Ansammlung überalltäglicher Einsichten und Tugenden, die nur eine Form der Existenz kennt, die Steigerungsform: »einer der führenden ...«, »eine der gefragtesten ...«, »einer der erfolgreichsten ...«. Es gibt darin Päpste, Gurus und Meister, kleine Wunder und lebende Beweise, Virtuosen und Spitzentrainerinnen, fulminante Feuerwerke und Universalwaffen an der Eventfront, Trainer aus der Champions League der Trainergilde und megastarke Referate, Koryphäen und unerschütterliche Optimisten, Missionare und Senkrechtstarter.[231]

Erfolg ist auch das große Thema bei Vivienne Posch. Ihre Kernaussage: »Erfolg ist kein Zufall.« In ihrem Vortrag »Mind & Money« sagt sie: »Auf die reichsten 10 % der gesamten Weltbevölkerung entfallen etwa 85 % des weltweiten Vermögens! Das ist kein Zufall. Diese Menschen denken & handeln einfach anders! Möchtest du die Grundlagen & Gesetze kennenlernen, die dafür zuständig sind?« Das Geheimnis wird im Thinking-into-Results-Programm gelüftet. Es handelt sich um den »kraftvollsten Prozess für nachhaltige Transformation, der jemals entwickelt wurde, um jedes Ziel, jeden Traum oder Wunsch in die Realität umzusetzen«.[232] Gelernt hat sie die Prinzipien des Erfolgs von ihrem 2022 verstorbenen Mentor Bob Proctor. Auf seiner Homepage erfährt man: »Für Millionen von Menschen auf der ganzen Welt ist der Name Bob Proctor ein Synonym für Erfolg.« Bob Proctor wusste, dass es viele hart arbeitende Menschen auf diesem Planeten gibt, die nie wohlhabend werden. Wenn sie wirklich etwas an ihrer Situation ändern wollten, müssten sie anfangen, sich mit dem Wohlstand gedanklich zu beschäftigen. »Wenn Sie anfangen, an Wohlstand und an sich als eine sehr wohlhabende, erfolgreiche Persönlichkeit zu denken, die von einem Ozean der Gedanken-Energie umgeben ist und im Meer der Fülle schwimmt, werden Ihr Körper und Ihr Geist sofort eine Erfolgs-Schwingung auslösen und Sie werden – wie ein Magnet – alles anziehen, was zu Ihrem Wohlstand notwendig ist. (…). Deshalb fällt es Kindern, die in besonders wohlhabende Familien hineingeboren werden – wie die Kennedys oder Bronfmans – nicht schwer, diese Wohlstandsgedanken und ein Wohlstandsbewusstsein zu haben, denn das ist die einzige Denkweise, die sie seit ihrer Geburt kennen. Wir können sagen, sie wurden in oder zu Wohlstand erzogen.«[233]

All diese Optimierungsangebote verbindet dieselbe verheißungsvolle Botschaft, die über alle individuellen Charaktereigenschaften und Biografien gelegt wird: Glück und Erfolg sind nur eine Frage der Lernwilligkeit und inneren Einstellung. Mit dem richtigen Training können ungeahnte Potenziale freigesetzt werden. Um im Wettbewerb um das begehrte, aber knappe Gut der Aufmerksamkeit aufzufallen, geraten die Selbstoptimierungspotenziale am Persönlichkeitsbildungsmarkt besonders groß. Der Markt ist mittlerweile ausdifferenziert und bedient – bis hin zu exotischen Nischen wie etwa einem Training in den Bergen, im Zoo oder im Boxring – ganz unterschiedliche Bedürfnisse und Geschmäcker. Gemeinsam ist den Anbieter:innen, dass sie sich (oft mit seligem Lächeln) als Expert:innen des gelingenden Lebens geben, die sich und ihre Welt unter Kontrolle haben – und mit einiger Wahrscheinlichkeit sind dabei »neueste Erkenntnisse« aus der Neurologie oder Quantenphysik mit im Spiel. Sie präsentieren sich selbst als Beweis für die Qualität ihrer Produkte (Motivation, Lebensfreude, Gelassenheit …) und versprechen analog zur Kultur des impulsiven Konsums sofortige Befriedigung von Bedürfnissen (einfache Antworten, rasche Ergebnisse, bedeutende Erkenntnisse …) bei geringen Zeit- und Energieinvestitionen (Schnell-Service).

Gerd Kulhavy, Gründer von Speakers Excellence, hat es auf folgende Formel gebracht: Nur 20 Prozent des Erfolgs von Trainer:innen macht das Fachwissen aus, 80 Prozent ist Marketing.[234] Daraus folgt häufig folgendes Muster: Es wird mit großen Versprechen und eingängigen Kernbotschaften geworben. Zum Standardrepertoire auf den professionell gestalteten Homepages zählen neben inszenierten Fotos auch kurze Motivations- oder Selbstpräsentationsvideos, die mit atmosphärischer Musik untermalt sind. Die Expert:innen verfügen wahlweise über Strategien, Techniken, Geheimnisse, Gesetze,

Schlüssel oder Formeln, die leicht umsetzbar sind, zu unmittelbarem Erfolg führen und zugleich jede Menge Spaß machen. Oder anders gesagt: Das Narrativ orientiert sich an der Warenästhetik der Werbung. Dort ist, wie es der Kunsttheoretiker Wolfgang Ulrich formuliert, »kein Platz für tragische Helden, existenzielle Opfer, komplizierte Konflikte. Nie wird eine Stimmung vielschichtig, ein Motiv unheimlich, ein Topos grausam. Vielmehr gibt es nur strahlende Sieger, Erfolgsgeschichten, happy ends, glückliche und konfliktfreie Beziehungen. Und wenn doch einmal ein Gefühl jenseits guter Laune angesprochen ist, dann sicher so gut in Kitsch verpackt, dass einmal mehr alle Komplikationen verschwinden.«[235]

Was Glück eigentlich ausmacht und wie negative Gefühle unser Leben verbessern

Ich habe sozusagen zu leben gelernt, als mir die Einsicht kam, dass ich niemals Glück und Frieden finden werde. Aber solange ich weiß, dass die Chance, das eine oder andere von Zeit zu Zeit zu erwischen, nicht allzu schlecht stehen, gebe ich das Beste zwischen den großen Augenblicken.

Hunter S. Thompson

Man muss es mit dem Glück halten wie mit der Gesundheit: Es genießen, wenn es günstig ist, Geduld haben, wenn es ungünstig ist, und zu gewaltsamen Mitteln nur im äußersten Notfall greifen.

La Rochefoucauld

Wenn wir über Glück reden, dann verwenden wir den Begriff, um über Dinge zu sprechen, die uns wichtig sind und um die wir uns bemühen. Man kann daher über Glück einerseits als Bewusstseinszustand sprechen, andererseits im Sinne eines gelungenen Lebens für den einzelnen Menschen.[236] In der Glücksforschung werden drei Glücksebenen unterschieden: Auf der ersten Ebene finden sich die spontanen positiven Emotionen wie Freude und Vergnügen. Auf der zweiten beurteilen wir unsere Emotionen. Davon hängt ab, wie zufrieden wir mit unserem Leben sind. Auf der dritten Ebene geht es um die Frage, ob man sein Leben als sinnvoll und gelungen wahrnimmt. Harmonie macht für den Philosophen Daniel Haybron den Kern des Glücks aus. In diesem Zustand entspannt sich eine Person und blüht auf. Sie ist in ihrem Leben zu Hause.[237] Für Haidt ist entscheidend, dass Glück nicht von »innen« und nicht von »außen« kommt, sondern vom »dazwischen«: »Glück kann man nicht finden, erwerben oder erreichen. Man muss die richtigen Bedingungen schaffen und dann warten. Einige dieser Bedingungen befinden sich in unserem Inneren, wie die Kohärenz zwischen inneren Persönlichkeitsanteilen und -ebenen. Andere Bedingungen erfordern Beziehungen zu Dingen im Außen: Wie die Pflanzen Sonne, Wasser und gute Erde brauchen, um zu gedeihen, so brauchen die Menschen Liebe, Arbeit und die Verbindung zu etwas Größerem.«[238]

Glück und Gesellschaft

Bereits in den 1970er-Jahren hat der Ökonom Richard Easterlin gezeigt, dass Wirtschaftswachstum und Lebenszufriedenheit nur bis zu einem gewissen Punkt zusammenhängen. Man spricht heute vom Easterlin-Paradox. Wir gewöhnen uns schnell an mehr Wohlstand und passen unseren Lebensstil an das höhere Einkommen an. Mehr Geld, höhere Ansprüche. Geld ist wichtig, wird aber nutzloser, je mehr wir davon haben. Eine magische Grenze ist ein Einkommen von (je nach Lebenserhaltungskosten ca.) 2 000 Euro netto im Monat. Bis dahin gibt es einen starken Zusammenhang zwischen Geld und Zufriedenheit. Danach schwindet der Zusammenhang. Dafür sorgt neben dem Gewöhnungseffekt der Umstand, dass wir uns mit anderen vergleichen. Mehr zu haben hat vor allem dann einen Sinn, wenn wir mehr als andere haben. In einem Experiment wollte die

Hälfte der Befragten lieber 50 000 Dollar haben, solange alle anderen nur halb so viel bekommen, statt 100 000 Dollar, wenn alle anderen doppelt so viel haben.[239]

Seit 2012 veröffentlichen die Vereinten Nationen den *World Happiness Report*, der die Lebenszufriedenheit in den Ländern mittels Umfragen und statistischer Daten zu messen versucht. Es werden verschiedene Faktoren berücksichtigt wie das Bruttoinlandsprodukt pro Kopf, Lebenserwartung und Korruption bis hin zu digitalen Medien und Informationstechnologien. Auch soziale Normen, Konflikte und die Regierungspolitik werden unter die Lupe genommen.[240] Global gesehen gibt es ein Muster: In armen Ländern ist man nicht automatisch unglücklich, in reichen aber automatisch glücklicher. Wie die Jahre zuvor dominieren im Report aus dem Jahr 2021 die europäischen Nationen des Nordens: Finnland, Dänemark und Island. Danach folgen die Schweiz, die Niederlande, Luxemburg, Schweden und Norwegen. Österreich wird auf Platz 11 gelistet, Deutschland auf Platz 14. Unzufrieden scheinen die Menschen vor allem in afrikanischen und ehemals kommunistischen Ländern zu sein. Die hinteren Plätze im UN-Ranking belegen Ruanda, Simbabwe und der Libanon. Schlusslicht ist Afghanistan. Bei diesen Ländern kommt alles zusammen: arm, unfrei, schlecht regiert.

Dazwischen gibt es jedoch überraschende Platzierungen. So liegt Frankreich (Platz 20) nur unmittelbar vor Saudi-Arabien (Platz 25). In Saudi-Arabien gibt es wenig Freiheit und keine Demokratie. Eine Erklärung dafür: Ausschlaggebend, wie zufrieden sich Menschen sehen, sind besonders die Faktoren Reichtum, gefühlte Freiheit, Selbstbestimmtheit und Vertrauen. Den stärksten Einfluss hat die gefühlte Freiheit. Sie hat allerdings nur begrenzt mit der tatsächlichen Regierungsform eines Landes zu tun. Möglicherweise sind die Ansprüche an Freiheit in weniger freien Ländern niedriger, während Menschen in de facto demokratischen Ländern viel höhere Ansprüche haben und sich weniger frei fühlen, obwohl sie objektiv gesehen freier sind.[241] Umstritten ist auch die Einschätzung, wie sich Ungleichheit auf die Zufriedenheit auswirkt. 2010 argumentierten Kate Pickett und Richard Wilkinson, dass es Gesellschaften, in denen die Kluft zwischen Arm und Reich kleiner ist, besser geht, weil der soziale Stress geringer ist. Das gilt nicht nur für die Unterschicht, sondern auch für die Mittel- und die Oberschicht.[242] Martin Schröder dagegen liest aus den Daten nicht heraus, dass in Ländern mit weniger sozialen Unterschieden die Menschen zufriedener sind. Er kommt zu dem Schluss, dass 85 Prozent der Lebenszufriedenheit von individuellen Eigenschaften abhängt und nur 15 Prozent von den Umständen, die man mit der Bevölkerung eines Landes teile.[243] Das sind Ergebnisse, die zur Kontroverse einladen: Inwiefern hat der Staat die Aufgabe und Möglichkeit, das Glück der Menschen zu fördern? Oder umgekehrt: Was kann Politik tun, um Unglück zu vermeiden oder zu vermindern?

Die vielen Stimmen des Glücks

Gerhard Schulze unterscheidet zwei Glücksbegriffe, die seit der Antike existieren. Der erste Begriff bezieht sich auf die Freiheit von Mangel und Leid, der zweite auf das schöne Leben, auf die Entfaltung und Gestaltung des Lebens. Zweiteres ist die anspruchsvollere Herausforderung, weil die Aufgabe, gut zu leben, weniger klar definiert ist als die Aufgabe, Probleme zu lösen.[244]

Paul Dolan bezeichnet Glück als die längerfristige Erfahrung von Freude und Sinn. Das Problem sei, dass unsere Einschätzung darüber, was glücklich macht, stark durch gesellschaftliche Erzählungen beeinflusst wird und wir unseren eigenen täglichen Erfahrungen von Freude und Leid zu wenig Aufmerksamkeit widmen. Wenn wir auf diese Erfahrungen mehr achteten, würden wir weniger auf die großen Erzählungen darüber, wie Glück aussieht, zurückgreifen müssen. »Wir müssen auf die Dinge achten, die uns glücklich machen – nicht auf das Glück selbst.«[245]

Der Philosoph Ludwig Marcuse bezeichnete Glück als eine »Kunst«, die man sich nicht durch Rezeptwissen aneignet. »Um ein Künstler zu werden, braucht man Begabung, Fleiß und Vorbilder. Um ein Glücklicher zu werden, braucht man dasselbe. Wer ein Glücks-Rezept verlangt, ähnelt einem Mann, der ein Dicht-Rezept verlangt.«[246]

Glücksratgeber bringen daher nichts, ist der Arzt und Theologe Manfred Lütz überzeugt: »Ich glaube tatsächlich, dass Glücksratgeber unglücklich machen, denn da beschreibt der Autor, wie er persönlich glücklich wurde und lässt den Leser dann traurig und unglücklich zurück, weil der nun mal nicht der Autor ist, und dann kann der gleich den nächsten Glücksratgeber kaufen. Diese ganze Glücksindustrie funktioniert ja nur, weil sie nicht funktioniert.«[247]

Die Erfahrungen von Glück sind vielstimmig. Das Streben nach Glück kennt viele Schauplätze, wo es sich zeigt – oder auch, wo es enttäuscht wird: Liebe, Religion, Lust, Muße oder Arbeit, das Glück eines einfachen Lebens, Glück durch Konsum, Glück als Frage der richtigen Politik, das Glück der Intensität und Leidenschaft oder das Glück einer stoischen Lebensführung.[248] Der Germanist Helmut Kreuzer brachte diese Vielstimmigkeit 1983 wort- und geistreich in wenigen Sätzen zum Klingen. Es gibt »das große, das private und das allgemeine, das subjektive und objektive Glück; das Glück des Habens und des Seins, Glück als luck und happiness, als Ereignis, Zustand und Moment; das Glück als Tugend, und mystisches Schauen, als Kindes-, Liebes-, Forscher- und Durchschnittsglück; das Glück im Streben, im sinnlichen Genuss, in Wunscherfüllung und Wunschverzicht, in Bedürfnisbefriedigung und Selbstverwirklichung; das Glück in Rausch, Wahn, Spiel und Erinnerung; das Lebensglück und das Glück im Leben; die Paradoxien des Glücks, das sich uns entzieht, je direkter wir es intendieren, das uns ungesucht (...) zuteilwerden kann oder dessen wir nicht mehr zu bedürfen glauben, wenn wir sogar im Unglück einen Sinn erfahren.«[249]

Flüchtiges Glück

Der Schriftsteller Amos Oz hielt die Vorstellung vom andauernden Glück für ein »sehr christliches Konzept: Dass man, wenn man nur das Richtige tue, im anhaltenden Glück ankäme. (...) Im biblischen Hebräisch gab es kein Wort für Glück, aber es gab sechs Wörter für Freude. Freude ist etwas, das kommt und geht. (...) Aber die Vorstellung vom anhaltenden Glück ist eine Contradictio in Adjecto. Entweder ist es ein Höhepunkt oder ein Plateau, es ist wie mit dem Orgasmus – wenn er nicht aufhört, ist es keiner gewesen.«[250]

Ebenso flüchtig hat Arthur Schopenhauer das Glück gesehen. Das Leben des Menschen schwinge wie ein Pendel hin und her zwischen Schmerz und Langeweile. Das Glück stelle sich nur in dem kurzen Moment der Wunscherfüllung ein. Wer dauerhaftes Glück erwarte, werde notwendig enttäuscht.[251] Paul Watzlawick glaubte, dass wirklich glücklich am Ende nur das Glück macht, das wir vor uns haben oder vor uns zu haben glauben. »Es ist das Ziel, das eine Reise schön und erlebnisreich macht. Die Erreichung eines Zieles ist immer mit einer Enttäuschung verbunden.«[252] In Tolstois Roman *Anna Karenina* muss Graf Wronski dies erkennen, nachdem er endlich Anna für sich gewonnen hat und mit ihr in Italien zusammenlebt. »Wronski indes war, obwohl alles, was er so lange gewünscht hatte, in Erfüllung gegangen war, nicht ganz glücklich. Er spürte bald, dass die Erfüllung seines Wunsches ihm nur ein Sandkorn von jenem Glücksberg verschaffte, den er erhofft hatte. Diese Erfüllung führte ihm den ewigen Fehler vor Augen, den Menschen machen, wenn sie sich das Glück als Erfüllung eines Wunsches vorstellen. In der ersten Zeit, nachdem er sich mit ihr vereinigt und Zivilkleidung angezogen hatte, empfand er den ganzen Charme einer Freiheit, die er früher nicht gekannt hatte, auch der Freiheit der Liebe, und war zufrieden, aber nicht lange. Er spürte bald, dass in seiner Seele der Wunsch nach Wünschen aufkam – die Schwermut.«[253]

Erich Fromm sah Glück aber nicht einfach als Gegenteil von Trauer und Schmerz. Beide Seiten gehören zu einem lebendigen Leben, »sodass Glück gewiss nicht das Gegenteil von Trauer ist«.[254] Mehr noch: Gefühle verschwimmen immer wieder. Im Wort »Leidenschaft« steckt beides: das Leiden und die Begeisterung. Gefühle können sich »bittersüß« vermischen, wenn wir etwa einer Sehnsucht nachhängen, traurige Musik hören oder Melancholie und Wehmut verspüren. »Ich könnte weinen/und ich könnte lachen, ich bin leicht und schwer«, so beschreibt William Shakespeare in seiner Tragödie *Coriolanus* unsere oft nicht eindeutigen Gefühle.[255] In Nikos Kazantzakis' Roman *Alexis Sorbas*, 1946 erschienen, schreibt der Schriftsteller Nikos einem Freund von seinem neuen Leben auf Kreta. Seine Seele gleiche hier einer Melodie, die einmal wild ist, »dass du zerspringen möchtest, weil du plötzlich merkst, wie fade und erbärmlich bisher dein Leben war« und ein anderes Mal traurig, »und du spürst das Leben zwischen deinen Fingern wie Sand zerrinnen«. Er sinniert weiter: »Konfuzius sagt: ›Viele suchen das Glück über Menschenmaß, andere darunter. Aber das Glück entspricht der Größe des Menschen.‹ Danach gibt es so viele Arten von Glück, wie es menschliche Größen gibt.«[256]

Wie es die melancholische Grundierung gibt, gibt es also auch ein Talent oder eine individuelle Disposition zum Glücklichsein. Diejenigen, die heute zu den Glücklichsten gehören, werden auch in zehn Jahren glücklich sein, trotz der Schwankungen von Tag zu Tag.[257]

Hedonistisches Glück

Der Hedonismus basiert auf der Vorstellung, dass das Leben dann gut und glücklich ist, wenn man möglichst viel Lust und Freude erlebt und möglichst wenig Schmerz und Leid. Während Glück ohne solche Erfahrungen zwar nicht vorstellbar ist, muss daraus noch kein sinnvolles Ganzes entstehen. Kein Roman hat diesen Zusammenhang bis heute eindringlicher dargestellt als *Schöne neue Welt* von Aldous Huxley aus dem Jahr 1932. Die Geschichte spielt im Jahr 2540 nach Christi Geburt, oder in der Zeitrechnung des Romans 632 nach Henry Ford. Ein Großteil der Menschheit lebt polyamourös, alle Leiden sind abgeschafft – keine Armut, kein Alter, keine Krankheit. Die Glücksdroge Soma verschafft den Menschen Glücksgefühle auf Knopfdruck. Nur im Eingeborenen-Reservat leben Menschen noch frei von staatlicher Kontrolle – mit Leiden und Krankheit, aber auch beseelt durch Fantasie und Leidenschaft. Von dort wird John in die »schöne neue Welt« mitgenommen. Er begehrt gegen das so angenehme wie perfekt kontrollierte System auf. Im Gespräch mit Mustafa Mannesmann, Weltaufsichtsrat für Westeuropa, sagt er: »›Ich will aber keinen Komfort. Ich will Gott, ich will Dichtung, ich will reale Gefahren, ich will Freiheit, ich will Güte. Ich will Sünde.‹ ›Kurzum [...] Sie fordern das Recht, unglücklich zu sein.‹ ›Also gut‹, bejahte der Wilde trotzig, ›dann fordere ich eben das Recht, unglücklich zu sein.‹«[258] Wie John zeigt, kommt es nicht nur auf einzelne freudvolle Erlebnisse an, sondern auf den Umgang mit ihnen und ihre Integration und Deutung in Bezug auf persönliche Werte und das ganze Leben. Zudem wird deutlich, dass Menschen nicht ausschließlich nach positivem Wohlbefinden streben, sondern auch noch andere Ziele verfolgen und dafür oft viel Mühsal und Entbehrungen in Kauf nehmen.[259]

Glück allein, vor allem ein künstlich induziertes, reicht also nicht, wir brauchen auch andere lohnende Ziele, wir wollen unser Leben aktiv gestalten. Erstrebenswert scheint nur ein Glück, folgert Dagmar Fenner, das in Kontakt steht mit der Realität und durch erfüllende Tätigkeiten wie beispielsweise das Musizieren oder die Pflege von Freundschaften hervorgerufen wird. »Glück ist sozusagen der Grundzug eines aktiven Lebensvollzugs, einer ›Passung‹ von ›Welt‹ und ›Selbst‹ oder eines harmonischen ›Welt-Selbst-Verhältnisses‹. Wer beim Auftreten von Problemen regelmäßig Glückspillen schluckte, verlöre dadurch aber die für ein übergreifendes Glück notwendigen Krisenbewältigungskompetenzen.«[260]

Für Wilhelm Schmid ist Glück nur ein Stellvertreterbegriff für die viel wichtigere Frage nach dem Sinn. Es gebe Schnittmengen zwischen Glück und Sinn, aber Sinn sei wichtiger, wertvoller und nicht abhängig von Glück.[261] Viktor Frankl, der das existenzielle Vakuum als typisches Leiden unserer Zeit bezeichnete, glaubte, dass der Mensch gar nicht wirklich darauf aus ist, glücklich zu sein. Vielmehr will er einen Grund zum Glücklichsein haben. Wer jedoch nur nach dem Glück jage, der verjage es auch schon. »Die Tür zum Glück, meinte Kierkegaard, geht nach außen auf: Je mehr einer durch sie hineinstürmen will, umso mehr verschließt sie sich ihm auch schon.«[262] In einem Experiment wurden zwei Gruppen von Personen gebeten, ihre Lieblingsmusik zu genießen, die zweite allerdings mit der Aufforderung, durch die Musik glücklicher zu werden. Bei dieser Gruppe wurden nachher niedrigere Glückswerte festgestellt.[263]

Wie negative Gefühle unser Leben verbessern

Glück hat viele positive Effekte. Es vermindert Stress, macht Menschen attraktiver, offener und anderes mehr. Negative Emotionen erfüllen jedoch ebenso einen Sinn. Ein Blick auf die sieben menschlichen Basisemotionen macht das deutlich: Freude, Wut, Traurigkeit, Angst, Überraschung, Verachtung und Ekel. Überall auf der Welt können Menschen diese Gefühle entschlüsseln. Sie gehören zu unserer Erfahrungswelt. Sie sind überwiegend unangenehm, aber auch nützlich.[264] So ist Traurigkeit ein Signal, dass etwas mit uns nicht stimmt. Für andere ist sie ein Zeichen, dass wir vielleicht Hilfe brauchen. Traurigkeit löst Mitgefühl aus.[265] Angst kann uns warnen. Sorge lässt uns umsichtiger agieren. Unzufriedenheit und Zorn haben oft schon zu gesellschaftlichen Innovationen geführt. Menschen in negativer Stimmung haben bessere Gedächtnisleistungen, sind skeptischer, weniger leichtgläubig und fällen bessere Urteile. Meistens konzentrieren wir uns am besten, wenn wir ein bisschen niedergeschlagen sind. In dieser Stimmung sind wir auch oft sozial kompetenter, denken kritischer und weniger in Stereotypen und vermeiden im Gegensatz zu glücklich gestimmten Menschen sogenannte Attributionsfehler. Diese bestehen darin, für ein bestimmtes Verhalten jeweils die Person und ihre Eigenschaften verantwortlich zu machen und Umwelteinflüsse zu übersehen. Negative Stimmung kann die Motivation stärken, aus einem unerwünschten Zustand herauszukommen. Man bleibt beharrlicher an schwierigen Aufgaben dran. Schließlich zeigen Menschen in negativer Stimmung mehr Fairness und scheinen auch freundlicher mit anderen umzugehen.[266] Ein anderes Beispiel für ein nützliches negatives Gefühl ist die Reue. Was sie von anderen negativen Gefühlen unterscheidet, ist, dass wir selbst der Grund für unser Leiden sind, weil wir in unserem Leben etwas getan oder nicht getan haben. Wenn wir uns heute schlecht fühlen, kann uns dieses Gefühl dabei helfen, dass wir uns morgen besser fühlen. Reue kann etwas klären. Reue teilt uns etwas mit. Sie verbessert unsere Entscheidungen und verbindet uns tiefer mit unserem Lebenssinn. Zu viel Reue kann lähmen und im schlimmsten Fall zu Ängsten und Depressionen führen, wenn wir aus dem Grübeln nicht mehr herauskommen. Richtig verstanden, ist sie jedoch ein Katalysator für Veränderung.[267]

So wichtig Glück ist: Wir wollen gar nicht in jeder Situation und in jedem Kontext glücklich sein. Wer in Situationen von Schmerz und Verlust weiter ein hohes Glückslevel aufweist, hat sogar ein größeres Risiko für emotionale Beeinträchtigungen und funktioniert im Alltag weniger gut.[268] Gerade das Bemühen, immer möglichst glücklich zu sein und alles Negative aus dem Leben fernzuhalten – Unsicherheit, Scheitern oder Traurigkeit –, führt oft dazu, dass wir uns unsicher, ängstlich und unglücklich fühlen. Um Glück erfahren zu können, braucht es auch die Bereitschaft, sich mit negativen Gedanken, Gefühlen und Situationen zu konfrontieren. Der »negative Weg zum Glück«, wie Oliver Burkman es nennt, ist offen dafür, etwas auch »sein zu lassen«. Er meint damit die Fähigkeit, nicht immer gleich dem Verlangen nach Auflösung, Trost und Behaglichkeit nachzugeben, sondern Unsicherheit auszuhalten, sich mit einem Scheitern anzufreunden, unsere Unvollkommenheit anzunehmen.[269]

Todd Kashdan und Robert Biswas-Diener beklagen in ihrem Buch *The Power of Negative Emotion*, dass aus der Positiven Psychologie in den letzten 15 Jahren ein »Faschismus des Lächelns« geworden sei, der darüber hinweggeht, dass auch Wut, Scham, Schuld, Selbstzweifel, Trauer und Angst hilfreiche und sinnvolle Emotionen sind, die wir produktiv nutzen können. Glück sei auch deshalb für viele Menschen so attraktiv, weil es ein einfacheres, bequemeres Leben verspreche. Wie Fromm betonen die beiden, dass die »Ganzheitlichkeit« von Gefühlen zu einem erfüllten Leben gehört.[270] Negative Gefühle zu unterdrücken oder zu vermeiden schwächt sogar die Lebenszufriedenheit und den Selbstwert. Negative Emotionen zuzulassen und sie – das ist besonders herausfordernd – zu akzeptieren, ohne sie gleich verändern zu wollen, ist dagegen hilfreich, um besser mit Gefühlen umgehen zu lernen und sich wieder besser zu fühlen.[271]

Glück kann man finden oder nicht …

Das führt nochmals zurück zu einer wichtigen Unterscheidung: die zwischen Glück und Zufriedenheit. Der Psychotherapeut Arnold Retzer nennt Lebenskunst die Fähigkeit, mit dem umzugehen, was einem widerfährt. »Es geht um die Entwicklung einer resignativen Reife. Mich stört, dass wir immer in einer dichotomischen Weise von Glück und Unglück sprechen. Durch diese Zuspitzung geht der riesige Bereich dazwischen verloren, die kleinen Sorgen, das kleine Wohlfühlen, die Banalitäten des Alltags, die einen Großteil unseres Lebens ausmachen. Das große Glück, das große Unglück sind Ausnahmezustände.«[272]

Wir können selbst mit einem Leben, das nicht als glücklich erlebt wird, zufrieden sein, wenn es wert ist, angenommen zu werden, mit all seinen Fehlern, Nachteilen, Mängeln, resümiert Haybron. »Ob man gut handelt, unterliegt der eigenen Wahl. Glück kann man finden oder nicht. Den Missgeschicken des Lebens kann man mit Güte, Würde und Fassung begegnen. (…) Vielleicht sind die meisten Menschen deshalb mit ihrem Leben zufrieden, weil sie einen guten Grund dafür haben. Das bedeutet nicht, dass sie glücklich sind oder es ihnen sogar gut geht. Es bedeutet nur, dass ihr Leben gut ist und sie es schätzen.«[273]

Licht und Schatten der Selbstoptimierung

»Ich bin es wert, optimiert zu werden«

Wenn über Selbstoptimierung gesprochen wird, ist das Urteil meist ein vorauseilend negatives, sodass ein differenziertes Bild verlorengeht. Jörg Scheller zeigt sich erstaunt, dass Selbstoptimierung in der Medienöffentlichkeit stets mit Begriffen wie »Zwang«, »Wahn«, »Diktat«, »Sucht«, »Falle« oder »Hamsterrad« verbunden wird. Selbst dort, wo Menschen Selbstoptimierung nicht direkt negativ erleben, bekommt sie einen negativen Beigeschmack, wenn etwa Vera King und Benigna Gerisch davon sprechen, dass Optimierungs- und Anpassungszwänge »keineswegs immer nur als leidvoll ertragen und verarbeitet, sondern im Sinne narzisstischer Gratifikationsquellen affirmativ begrüßt werden«.[274] Hier ist die Botschaft: Egal, ob man belastet ist oder nicht, man ist Opfer. In einem Fall merkt man es, im anderen nicht oder man leidet unter einer Form von »Stockholm-Syndrom«.

Scheller bezeichnet Kritiker:innen der Selbstoptimierung als Kulturpessimisten, die jede Form von Selbstoptimierung als eine Verschwörung des Kapitals betrachteten und missgünstig auf jene blickten, die nicht nach dem Mittelmaß, sondern nach dem Optimum strebten. Er sieht Selbstoptimierung in diesem Sinne als einen lustvollen, bereichernden Prozess. Viele Menschen wollen an sich arbeiten oder empfinden einen Reiz dabei, Grenzen auszutesten und zu überschreiten. Hinter der Selbstoptimierung steht der positive Antrieb, das Leben nicht einfach dahinplätschern zu lassen, sondern es zu gestalten. In den Worten von Jean-Paul Sartre: Der Mensch kann immer etwas aus dem machen, was man aus ihm gemacht hat. Für Scheller ist es verkürzt, Selbstoptimierung in einen Zusammenhang mit dem Kapitalismus, dem Neoliberalismus und dem »Quantified Self« zu rücken. Menschen könnten gar nicht anders, als mehr aus sich machen zu wollen. Menschen seien Möglichkeitswesen, die im Offenen existierten. Gerade weil wir nicht perfekt seien, seien wir es wert, optimiert zu werden. Selbstoptimierung könne ein spannender und lohnender Prozess sein, der das Jonglieren mit diversen Voraussetzungen, Parametern und Variablen in spezifischen lebensweltlichen Zusammenhängen beinhaltet. Optimiere ich einen Parameter, geht das womöglich auf Kosten eines anderen. Erziele ich an einer Stelle einen Gewinn, verzeichne ich an einer anderen vielleicht einen Verlust. Daher seien immer Kompromisse gefragt. Selbstoptimierung sei eben nie Perfektionierung.

Eine wichtige Rolle spielten verschiedene Formen und Vorformen von Selbstoptimierung in der Kultur des Hip-Hops. Scheller nennt den Hop-Hop-Pionier Afrika Bambaataa, der in den 1970er-Jahren Losungen wie *self-improvement* und *positivity* ausgegeben habe, um Gangkids von den Straßen New York Citys zu holen. Die Kultur des Hip-Hops, entstanden in den Armenvierteln, wo die Möglichkeit zur Arbeit am Selbst ein Privileg war, zeichne sich durch die Bejahung von *personal growth* aus.[275] Ein anderes Beispiel ist die aus dem Hardcore-Punk der 1980er-Jahre entstandene Straight-Edge-Bewegung, die ein Leben ohne Alkohol, Nikotin und Drogen propagierte. »I don't smoke, I don't drink, I don't fuck. At least I can fucking think«, brüllte Ian MacKaye von der Band Minor Threat 1981 ins Mikro. Straight Edge, so hieß ein Song der Band, bedeutet sinngemäß: geradlinig im Vorteil: »I don't even think about speed. That's something I just don't need. I've got straight edge.«[276] Zu den bekanntesten Gesichtern der Szene zählt bis heute Henry Rollins, ein Freund von Ian MacKaye. Er war Sänger der Band Black Flag und der Rollins Band. Anfang der 2000er-Jahre hörte er mit der Musik auf und wurde Schriftsteller, Spoken-Word-Performer, Radiomoderator und Schauspieler. Außerdem fand er schon in frühen Jahren zum Gewichtheben. Seine Geschichte kann auch als eine Geschichte der Selbstoptimierung gelesen werden.

Geboren 1961, wuchs Henry Garfield in schwierigen familiären Verhältnissen auf. Seine Eltern trennten sich, als er drei Jahre alt war. Er blieb bei seiner Mutter, mit 18 brach der den Kontakt zu seinem Vater komplett ab. In seiner Schulzeit war er hyperaktiv und musste fünf Jahre Ritalin nehmen, um sich besser konzentrieren zu können. Er berichtete, als Teenager sexuell missbraucht worden zu sein. Er litt an Depressionen und mangelndem Selbstwertgefühl. »Als ich jung war, hatte ich keinen Sinn für mich selbst. Alles, was ich war, war ein Produkt all der Angst und Demütigung, die ich erlitt. Die Angst vor meinen Eltern. Die Demütigung durch die Lehrer, die mich ›Mülleimer‹ nannten und mir sagten, dass ich als meinen Lebensunterhalt damit verdienen würde, Rasen zu mähen. (...). Im Sport wurde ich ausgelacht. Ein Spasti. Ich war ziemlich gut im Boxen, aber nur, weil mich die Wut, die mich jeden wachen Moment erfüllte, wild und unberechenbar machte. Ich kämpfte mit einer seltsamen Wut. Die anderen Jungs dachten, ich sei verrückt.« Seine Situation habe sich erst verändert, als er in der Schule seinen Geschichtelehrer kennenlernte, Mr. Pepperman, ein Vietnam-Veteran, der von kräftiger Statur und »beängstigend« gewesen sei. Pepperman sei schnell aufgefallen, dass der Junge in jeder Hinsicht in keinem guten Zustand gewesen sei. Eines Tages habe Pepperman ihm vorgeschlagen, mit seinem Taschengeld Gewichte zu kaufen. Das tat er und ließ sich von seinem Lehrer zeigen, wie man damit trainierte. »Ich habe so gut aufgepasst wie noch nie in einem meiner Kurse. Ich wollte es nicht vermasseln. Ich ging an diesem Abend nach Hause und fing sofort an.« Eine weitere Bedingung, die Pepperman ihm mitgab: Er durfte seinen Körper nicht im Spiegel betrachten. Die Wochen vergingen. Ab und zu habe ihn Mr. Pepperman am Schulgang ohne Vorwarnung gestoßen, bis er schließlich nicht mehr taumelte. Jetzt könne er sich im Spiegel ansehen, habe er ihm gesagt. »Ich sah einen Körper, nicht nur die Hülle, die meinen Magen und mein Herz beherbergte. Mein Bizeps wölbte sich. Mein Brustkorb war definiert. Ich fühlte mich stark. Es war das erste Mal, soweit ich mich erinnern konnte, dass ich ein Gefühl für mich selbst hatte. Ich hatte etwas erreicht, und niemand konnte es mir jemals wieder nehmen.« Erst viele Jahre später, Ende zwanzig, habe er erkannt, welches Geschenk ihm das Gewichtsheben gebracht habe. Er habe gelernt, dass nichts Gutes ohne Arbeit und einem gewissen Ausmaß an Schmerz entstehe. Und dass wahre Kraft auch mit Charakter, Selbstrespekt, Freundlichkeit und Sensibilität verbunden sei. Das Gewichtheben ist Teil seines Lebens geworden. »Im Laufe der Jahre habe ich Meditation, Action und das Eisen zu einer einzigen Kraft vereint. Ich glaube, wenn der Körper stark ist, denkt der Geist starke Gedanken. Die Zeit, die ich ohne das Eisen verbringe, lässt meinen Geist degenerieren. Ich versinke in einer tiefen Depression. Mein Körper schaltet meinen Verstand ab. Das Eisen ist das beste Antidepressivum, das ich je gefunden habe. Es gibt keinen besseren Weg, Schwäche zu bekämpfen als mit Stärke.«[277]

Rollins bezeichnet sich als Einzelgänger, Workaholic, als jemand, der sich auf alles stürzt, was sich an interessanten Möglichkeiten auftut oder was aus ihm als kreative Idee herauswolle. Scheitern bezeichnet er als produktiven Teil seiner Arbeit, auch der Arbeit an sich selbst. »Man lernt, was man nicht wieder tun sollte. Das ist gut. Scheitern ist gut. Scheitern führt zum Erfolg. Wenn man unhöflich zu anderen ist, lernt man Höflichkeit. Ich verabscheue Unhöflichkeit. Ich hasse sie. Wenn ich unhöflich bin, meine ich es nicht so. Es rutscht mir einfach raus. Ich bin müde. Ich habe die Situation nicht gut genug eingeschätzt. Ich war ungeduldig, und ich entschuldige mich viel zu oft. Aber es ist eine verdammt gute Lektion.« Sein Leben ist rastlos, weil er immer daran denken muss, wie kurz es ist. Mit fünfzig Jahren sagte er sich: »50 ist man schnell. Man ist 28, und plötzlich ist man 50. Das geht so schnell. Und dieses ›hätte, könnte, sollte‹? Man sollte es tun, solange man noch Knie hat. Mach es lieber, bevor du aufstehst und alles knirscht und kracht, denn, Mann, es ändert sich. Die Leute schieben Dinge auf, wie der wütende Typ, der mit 20 nicht auf den Berg gestiegen ist, weil er keine Zeit hatte. Nein, du hast dir keine Zeit genommen. Jedes Projekt ... eines Tages werde ich diesen Roman schreiben. Kumpel? Dann fang besser morgen an, denn der richtige Zeitpunkt ist nie da. Er ist da, wenn du ihn mutig bestimmst. Das ist wie Laufen an einem regnerischen Tag. Wenn du erst einmal draußen bist, geht es dir gut. Die einzige Schwierigkeit ist, von der Couch aufzustehen, wenn man die Schuhe schnürt. (...). Ich bin kein harter Kerl. Ich bin nicht mutig. Ich bin nur neugierig. Ich bin mir einfach bewusst, wie schnell das Leben vergeht.«[278]

Rollins agiert dabei als ein politisch denkender Mensch. Zwei Themen, zu denen er sich öffentlich immer wieder äußert, sind die Bildung für junge Menschen und die Kritik am militärisch-industriellen Komplex in den USA. Seine Herkunft aus armen Verhältnissen hat ihn geprägt. Er besitze die »3,50-Dollar-pro-Stunde-Mentalität«: »Nach der High-School habe ich in einer Tierhandlung, in einem Surf-Shop und im Kino gearbeitet. Ich verkaufte Eiscreme und war Parkplatzwächter. Dahin will ich nicht zurück, und deshalb probiere ich so viel aus. Für die meisten Sachen bin ich zwar nicht ausgebildet, aber ich strenge mich umso mehr an. Wenn ich meinen Fleiß benoten sollte, würde ich eine Eins verdienen.«[279]

Selbstoptimierung heißt, sich nicht passiv mit den gegebenen Umständen zu bescheiden, sondern zu versuchen, seinen Zustand zu verändern und sich zu verbessern. Vieles im Leben entzieht sich unserer Kontrolle und ist fremdbestimmt. Selbstoptimierung ermöglicht uns zumindest, im persönlichen Umfeld unserem Wunsch nach Kontrolle nachzugehen. Und sei es nur mithilfe von Fitnesstrackern, die eine Kommunikation mit sich selbst und anderen ermöglichen und zur Verbesserung der Gesundheit und des Wohlbefindens beitragen können.[280] Wir können mit neuen Erfahrungen, mit einer möglichen Veränderung experimentieren, mit Fleiß und Ausdauer die Ergebnisse unserer Bemühungen sehen und etwas, mit dem wir unzufrieden waren, zum Besseren wenden, wie es etwa der Autor Daniel Schreiber in seinem Buch *Allein* beschreibt. Das Buch reflektiert sein Leben allein, das sich zwischen dem Wunsch nach Rückzug und Freiheit und der Sehnsucht nach Nähe, Liebe und Gemeinschaft bewegt. Während der Corona-Pandemie schlitterte er in eine Krise, die von Einsamkeit und alten depressiven Verstimmungen geprägt war. Auf den Kanarischen Inseln besuchte er einen Yogakurs, der anfangs eine »unglaubliche Herausforderung« für seinen untrainierten Körper war. Er hatte das Gefühl, seinen Körper neu kennenzulernen. »Jede Yogastunde sorgte für eine zunächst kaum wahrnehmbare Verbesserung meiner Beziehung zu mir selbst. Die Übungen zwangen mich dazu, meine Beschränkungen zu akzeptieren, und schienen mir immer wieder verstehen zu geben, dass letztlich auch unangenehme und anstrengende Zustände vorbeigehen, dass man trotz aller Herausforderungen etwas für sein inneres Gleichgewicht tun kann.«[281]

Selbstoptimierung kann uns darin schulen, uns zu überwinden. Wir können dabei entdecken, dass mehr möglich ist, als wir zuvor gedacht haben. Leistung erbracht zu haben, mit uns oder etwas gerungen zu haben, vermittelt uns das Gefühl von Stolz und Zufriedenheit. Die Künstlerin Judith Holofernes bedauert, dass es im Deutschen keine Worte für verschiedene Formen des Ehrgeizes gibt. Im Englischen gebe es auch »glee«, das sei die Freude am eigenen Scheinen und darüber, dass man etwas gut kann.[282]

Mensch zu sein, schreibt die Philosophin Ariadne von Schirach, heißt eine Übende zu sein, ein Bemühender, indem man sich immer wieder an dem aufrichtet, was wichtiger ist als die momentane Befindlichkeit.[283] Unzutreffend ist ihre Abgrenzung, wonach Selbstoptimierung die Arbeit am Äußeren sei und Lebenskunst die Arbeit am Inneren.[284] Wie die Geschichte von Henry Rollins zeigt, kann Selbstoptimierung nach außen wie nach innen gerichtet sein. In jungen Jahren hatte er mit seinem Lehrer einen Mentor, der ihm entscheidende Impulse gab, um sich weiterzuentwickeln, später wurde er selbst zu jemand, der andere inspirierte und ermutigte. Selbstoptimierung muss nicht zwingend zu einer Gesellschaft von Egozentriker:innen führen, die nur mehr an sich denken. Die Rücksicht auf die Umwelt und Mitwelt kann genauso Platz haben wie Motive der Selbstverbesserung.

Wichtig ist, geeignete Ziele für sich zu finden: Sie müssen konkret, realistisch, für uns wertvoll und herausfordernd sein. Erinnern wir uns: Selbstoptimierung ist nicht gleichbedeutend mit Maximierung und Perfektionierung. Es geht darum, das bestmögliche Ergebnis zu einem gegebenen Zeitpunkt zu erreichen, unter Berücksichtigung der verfügbaren Ressourcen und vorhandenen Umstände. Das kann im Leistungssport bedeuten, die Leistungsgrenze immer noch ein Stück weit zu verschieben. Es kann aber auch bedeuten, sich mit sechzig Jahren noch neue Fertigkeiten anzueignen, obwohl man seinen Zenit schon lange überschritten hat, oder durch Üben und Reflexion aus einer schwierigen emotionalen Verfassung herauszukommen oder auch sich im fortgeschrittenen Alter gegen den Verlust der Autonomie zu stemmen, indem man etwas immer wieder noch »so gut wie möglich« macht. Selbstoptimierung muss sich nicht auf das populäre Bild des technikverliebten Fanatikers beschränken, bei dem man am Ende nicht mehr weiß, ob er die Apps benutzt oder die Apps ihn. Der Selbstbezug bei der Selbstoptimierung bedeutet auch: Ich kann und brauche mich nur mit mir selbst vergleichen – mit der Person, die ich gestern war und die ich morgen sein könnte – oder mit Menschen in ähnlichen Umständen, die mich anregen und anspornen.

Gut für unser Glück sind nur intrinsische, in sich selbst wertvolle Tätigkeiten und nicht das von außen induzierte Streben nach »Positionsgütern« wie Status, Leistungsfähigkeit oder Schönheit, um besser abzuschneiden oder jemanden zu beeindrucken. Wenn wir für etwas »Feuer fangen« und durch Anwendung, Übung und Arbeit in Bewegung bringen, erleben wir Selbstwirksamkeit und nähren damit unseren Selbstwert und unsere Zufriedenheit. Wenn wir unsere Fähigkeiten und Talente entfalten und dabei Anleitung und Unterstützung bekommen, erfahren wir so etwas wie persönliches Wachstum. Sich den Raum dafür zu nehmen, auch in Form einer bewussten Selbstoptimierung, ist ein Privileg, das die überwiegende Mehrheit der Menschen gar nicht hat: Ich habe die Zeit und die Freiheit, an mich zu denken und an mir zu arbeiten. Selbstoptimierung ist damit auch ein Ausdruck von Selbstbestimmung.[285]

Das Negative am Positiven und paradoxe Effekte des Optimierungsdenkens

An sich selbst zu arbeiten zählt heute als wichtige Kompetenz, um sich in der Gesellschaft erfolgreich anzupassen. Mehr noch, Persönlichkeitsentwicklung gilt als Schlüssel zum Glück. Wir sollen die Ressourcen für ein glückliches Leben in uns selbst suchen und finden. Angebote, die mit persönlicher Entwicklung, Selbsterfahrung und der Verwirklichung von Wünschen und Zielen zu tun haben, sprechen tiefe individuelle Bedürfnisse an und sind daher ein Dauerbrenner. Der Markt zur Persönlichkeitsentwicklung kann Menschen darin unterstützen, sich selbst zu reflektieren und spezifische Kompetenzen zu entwickeln. Problematisch ist allerdings ein undifferenziertes Machbarkeits- und Optimierungsdenken, bei dem am besten alles auf Knopfdruck verfügbar sein soll. Die Kritik an einem solchen Denken möchte ich im Folgenden in sechs Punkte aufgliedern. Im Anschluss zeige ich an einigen Beispielen, dass das Optimierungsdenken häufig paradoxe, also gegenteilige Effekte hat.

Große Versprechen, einfache Anleitungen

Die einschlägige Szene verspricht das Blaue vom Himmel und kommt dabei dem weitverbreiteten Wunsch nach einfachen Gebrauchsanleitungen für das Leben entgegen. Der Ratgeber *Die Psychologie der Anziehungskraft* ist zum Beispiel mit dieser Leuchtreklame untertitelt: »So werden Sie unwiderstehlich« – egal ob bei Dates, Vorstellungs- oder Verkaufsgesprächen.[286] Weitgreifende Veränderungen sollen durch ein paar schlichte Erfolgsrezepte und Übungen erreicht werden. So stellt etwa der »High-Performance-Coach« Manfred Winterheller mit dem Besuch seines Seminars in Aussicht: »Mit nie gekanntem Mut, mit faszinierenden Ideen und völlig neuem Schwung werden Sie Ihren beruflichen und privaten Alltag völlig neu definieren. Auf diese Weise wird Ihre Zukunft endlich dem entsprechen, was Sie sich immer schon erträumten.«[287] Wenn das kein Angebot ist! Der »Motivationspapst« Jürgen Höller steht dem in nichts nach. Seine »Power-Days« liefern das Know-how für die Lösung so ziemlich aller Probleme und die präzise Planung des eigenen Lebens. Schluss mit Unannehmlichkeiten, Umwegen, Zufällen, Sackgassen, Kehrtwendungen: »Lerne, wie die Top-Stars, Spitzensportler und Manager von Großunternehmen sich jeden Tag motivieren und auf Höchstleistung bringen. Durch diese Technik wirst Du nicht nur Deine Ziele erreichen, sondern sie übertreffen!« – »In diesen zwei Tagen wirst Du nicht nur einmal aus Deiner Komfortzone rauskommen! Du wirst durch die Übungen erfahren, was in Dir steckt. Nach dem Seminar wirst Du Dein Potenzial voll entfalten.« – »Du wirst endlich all den alten Ballast los, der Dich seit Jahren verfolgt. Lebe ein freies und unbeschwertes Leben!«[288] Höller verpackt diese Träume in eine große Show. Kein Nachteil für seine Botschaften, denn Menschen, die unterhalten werden, denken weniger kritisch und lassen sich leichter gewinnen, gerade für teure Nachfolgeseminare.[289]

Winterheller und Höller sind auch Beispiele für eine problematische Konstellation, die der Markt der Selbstverbesserung schafft: Auf der einen Seite Expert:innen, die zeigen, wie das Leben geht. Auf der anderen Seite ein Publikum, das Anleitungen und Lösungen sucht. Auf der einen Seite muss man seinen Weg selbst finden, auf der anderen Seite braucht es dazu permanente Beratung. Auf der einen Seite geht es um die Stärkung der Selbstbestimmung, auf der anderen Seite lebt der Selbsthilfemarkt von »bedürftigen Menschen«, die auf entsprechende Angebote angewiesen sind. Die ganze Ratgeberliteratur, kritisiert Lütz, erweckt den Eindruck, man wäre für sein eigenes Leben gar nicht mehr kompetent und die Experten:innen wüssten immer alles besser.[290]

Entmutigung durch sinnlos hohe Zumutung

Neue Ziele und Visionen können Flügel verleihen. Eine Gefahr von Selbsthilfe und Selbstoptimierung ist allerdings, dass sie unsere Glückserwartungen über Maßen nach oben schrauben und unerreichbare Ideale kultivieren. Schon Paul Watzlawick hat darin einen Grundfehler dieser Art von Lebenshilfe gesehen: Entmutigung durch sinnlos hohe Zumutung, unlösbare Glücksversprechen, die Unglück erzeugen müssen.[291] Wer sehr hohe Glücksstandards hat, muss fürchten, etwas stimme nicht mit ihm oder ihr, wenn man einmal deprimiert und schlecht gelaunt ist. Wenn man angeblich »ungeahnte Potenziale« in sich trägt, muss der Blick auf sich selbst fast zwangsläufig ernüchternd ausfallen: nicht gut genug, nicht außergewöhnlich genug. Verlockende Angebote zur Persönlichkeitsentwicklung bieten so gesehen nicht nur Lösungen, sondern sensibilisieren auch für Defizite. Sie wecken Bedürfnisse (oder auch Selbstzweifel und Minderwertigkeitsgefühle), für die es maßgeschneiderte Lösungen gibt. Der Markt zur Persönlichkeitsentwicklung lebt davon, dass wir einem Ideal von uns selbst hinterherlaufen. Wer sich ständig verändern will und nie zufrieden ist, braucht ständig neue »Produkte«, um sich selbst verwirklichen zu können. Svend Brinkmann räumt ein, dass Selbstoptimierungsangebote eine Zeit lang helfen können, aber die Idee, dass es im Leben vor allem darum gehen soll, sich konstant weiterzuentwickeln und ständig zu verbessern, erzeuge viel Leid, denn sie hat einen Nebeneffekt: Niemand ist jemals gut genug. »Wir können nicht sagen: Jetzt reicht es, jetzt bin ich ein guter Mensch.«[292] Die Verheißungen der Selbstoptimierung machen es schwerer, sich mit Grenzen abzufinden und damit zu leben, dass bestimmte Wünsche und Bedürfnisse nicht befriedigt werden können.

Allmachtswahn und Kontrollillusion

In der Selbstoptimierung liegt eine positive Kraft: Es ist möglich, Gewohnheiten und Einstellungen zu verändern oder etwas für sein Glück und Wohlbefinden zu tun. Dieser Impuls ist heute jedoch stark mit der Überzeugung verknüpft, dass wir alles kontrollieren und gestalten können, egal ob es sich um die Gesundheit, die Liebe oder das Glück handelt. Sehr vieles liegt allerdings außerhalb unserer Kontrolle oder weniger an uns selbst als an anderen Faktoren. Paul Dolan berichtet über Experimente, in denen herausgefunden wurde, dass Menschen in schwach beleuchteten Räumen kreativer sind und weniger Kalorien einnehmen, während sich helle Räume positiv auf die Ehrlichkeit auswirken. Wir würden gerne denken, dass wir unabhängig vom Kontext handeln, sehr viel von unserem Verhalten könne aber gerade mit dem Kontext erklärt werden, in dem wir handeln.[293] Daher sein Credo, eher am Kontext als am eigenen Denken anzusetzen, wenn man etwas verändern wolle.

Die Ratgeberkultur nährt dagegen die Illusion, dass wir Gefühle und Gedanken mit unserem Willen lenken können. In der Realität stoßen wir dabei an Grenzen. Oder, wie es der frühere britische Premierminister Harold Macmillan lakonisch ausdrückte: Die Realisierung unserer Pläne vereiteln oft nur »die Ereignisse, mein Junge, die Ereignisse«.[294] Die Illusion, man wäre unter allen Umständen seines Glückes Schmied und für sein Schicksal verantwortlich, erzeugt den Druck, das eigene Leben perfekt zu meistern. Die Idee der Autonomie, die dem Menschen Würde und Ansporn gibt, kann sich im Positiven Denken zum »Omnipotenzwahn« entwickeln. Ein Bestseller des Positiven Denkens bis heute ist das bereits 1998 erschiene Buch *Bestellungen beim Universum* von Bärbel Mohr. Der Titel ist Programm. Der Klappentext verspricht: »Bestellungen beim Universum ist ein Handbuch zur Wunscherfüllung. Auf einmalig humorvolle und lockere Weise zeigt die Autorin Bärbel Mohr, wie man sich den Traumpartner, den Traumjob oder die Traumwohnung und vieles mehr einfach ›herbeidenken‹ und quasi beim Universum ›bestellen‹ kann.«[295] Wenn wir über unsere Geschicke so viel Kontrolle besitzen, wird Scheitern rasch zu etwas umgedeutet, das wir uns selbst ausgesucht haben, zum persönlichen Versagen, zur eigenen Schuld. Es ist Ausdruck mangelnder Motivation und negativen Denkens. »Sieger erkennt man am Start – Verlierer auch!«, »Go hard or go home – 5 Schritte vom Herausforderer zum Sieger«, »Handeln statt jammern!«, so lauten Slogans aus dem Katalog der Redneragentur Speakers Excellence.[296] Die Kehrseite der positiven

Haltung ist, wie es Barbara Ehrenreich ausdrückt, ein hartnäckiges Insistieren auf der persönlichen Verantwortung. Wer enttäuscht, wütend oder niedergeschlagen ist, macht sich zum »Opfer« und ist nichts weiter als ein »Jammerlappen«.[297]

Glück als persönliche Leistung und Pflicht

Glück ist heute zum Gradmesser einer gelingenden Selbstverwirklichung geworden und treibt damit auch die Selbstoptimierung stark an. Wir glauben zunehmend weniger, dass Glück etwas mit Schicksal, Zufällen oder Lebensumständen zu tun hat. Glück ist zu einer Leistung, fast zu einer Pflicht geworden, zu etwas, das sich mit dem richtigen »Mindset« herstellen und steigern lässt. Das geht mit einer starken Konsumhaltung einher: Glück scheint schnell und einfach verfügbar. Oder ist überhaupt nur eine »Entscheidung«. Der Psychotherapeut Rolf Merkle begleitet seine fünf »Glücksformeln« mit Handlungsanleitungen wie »Wenn du glücklich sein willst, sei es«.[298] Wenn es so einfach ist, glücklich zu sein, scheint es tatsächlich besorgniserregend, von dieser »Normalität« abzuweichen. Ein Leben ohne Glück scheint gar nicht lohnenswert und ganz natürliche Gefühle wie Angst, Zorn, Trauer, Verunsicherung, Unzufriedenheit oder Melancholie scheinen nicht mehr ein normaler Teil des Lebens zu sein. Für den Philosophen Wilhelm Schmid ist es gerade umgekehrt: »Wenn ich Menschen sehe, die permanent gut drauf sind, hat das etwas Lebensfernes. Ich kenne niemanden, der immer glücklich ist. Aber ich kenne viele, die genau dieser Druck unglücklich macht.«[299]

Am Beispiel der Depression zeigt der Psychotherapeut Arnold Retzer, dass Veränderung nur möglich ist, wenn wir auf den Lösungsversuch »Alles soll wieder so werden, wie es war, oder so, wie ich es mir vorstelle« verzichten. »Ob das allein mit der Empfehlung Eckhart von Hirschhausens gelingt, öfter mal zu lachen, ist fraglich (...), Wut und Tränen dürften hilfreicher dabei sein. Sie können den Weg frei machen für den Ausstieg aus der Depression.«[300] Persönliche Entwicklung braucht einen langen Atem, Geduld, Ausdauer, das Denken in langen Prozessen, auch die resignative Reife, wie es Retzer nennt, das Nachdenken darüber, was unverfügbar ist und wie wir damit umgehen. Das Machbarkeitsdenken funktioniert dagegen häufig nach dem bekannten »Vorher-nachher-Prinzip« der Waschmittelwerbung: Zuerst die Flecken (Probleme, Krisen ...), nach dem Waschgang (Training, Coaching ...) mit dem richtigen Waschmittel (Tipps, Strategien ...) alles strahlend weiß (erfolgreich, glücklich, gelassen, ganz anders).

Dominanz positiver Gefühle

Wir leben heute in einer Kultur, in der es eine Dominanz der »positiven« Gefühle gibt und in der sogenannte negative oder unangenehme Gefühle als problematisch gelten. Die polarisierende Entgegensetzung von positiven (ist gleich funktionalen) und negativen (ist gleich dysfunktionalen) Gefühlen hat nach Eva Illouz eine neue Form der Pathologie geschaffen, der zufolge negative Menschen nicht dazu geeignet sind, ein gesundes, funktionales Leben zu führen.[301] Die Psychologin Susan David spricht von einer »toxischen Positivität«, die unangenehme Emotionen ständig weichspült, unterdrückt oder negiert, anstatt ihnen auf angemessene Weise Raum, Zeit und Akzeptanz einzuräumen: »Unsere unangenehmen Gefühle können uns wertvolle Erkenntnisse liefern. Doch dafür müssen wir aufhören, gegen sie anzukämpfen, sie mit einer erzwungenen positiven Einstellung zu übertünchen, sie ›wegzuerklären‹ oder zu unterdrücken. Selbstzweifel und Selbstkritik, ja sogar Wut und Reue bringen Licht in die dunklen, manchmal von Dämonen heimgesuchten Winkel unseres Inneren, die wir am liebsten ignorieren, da sie Orte der Verletzlichkeit und der Schwäche sind.«[302] Gefühle wie Verletzlichkeit und Schwäche gefährden geradezu unser »Glücksprestige«. Wir sehen Glück heute als eine Statusinvestition, wie es Juliane Schreiber pointiert schreibt, »wir investieren also in den Anschein eines abwechslungsreichen, glücklichen Lebens, um dafür Anerkennung mit Zins und Zinseszins zurückzubekommen. Diese Anerkennung können wir jetzt sogar messen: mit Views, Likes und Followern, auf die das Belohnungssystem in unserem Hirn abfährt wie auf Zucker und Kokain zusammen«. Das Zeigen von »Glück« hat einen Eigenwert bekommen. »Viele von uns tun Dinge irgendwann nur noch, um sie vor anderen darzustellen.« Unser Glück wird abhängig vom »Blick des Anderen«.[303]

Natürlich ist es erstrebenswert, positiv zu denken, um Ziele zu erreichen und etwas Bedeutsames zu schaffen. Daraus folgt nicht, dass eine ausschließlich positive Einstellung die einzig richtige Lebensweise ist. Eine Studie kam zum Ergebnis: Während Optimisten besser als Pessimisten in einem kurzen Zeitraum mit Stress und problematischen Lebensumständen fertig wurden, kehrte sich dieser Effekt nach einer gewissen Zeit um: Wenn die Anzahl belastender Ereignisse im Laufe eines Jahres hoch war, berichteten Optimisten von einem geringeren Wohlbefinden. Ihre Ressourcen zur Bewältigung dieser Ereignisse schienen schneller erschöpft als jene von Pessimisten.[304] Wo die »toxische Positivität« dominant ist, mangelt es letztlich an Ressourcen, wie wir mit unterschiedlichen Enttäuschungen zurechtkommen: mit jenen, die aus den hohen Ansprüchen einer erfolgreichen Selbstverwirklichung resultieren, und mit jenen, die sich aus Tatsachen ergeben, auf die wir keinen Einfluss haben: auf Unglücksfälle, Krankheit oder den Tod.

Sozialer Kontext wird ausgeblendet

Der Selbsthilfe- und Persönlichkeitsentwicklungsmarkt ist von der Überzeugung durchdrungen, das A und O eines erfolgreichen und glücklichen Lebens ist die Arbeit an sich selbst. Diese Überzeugung scheint plötzlich alle gleich zu machen: Alle können, wenn sie nur wollen. Gerne werden dazu Geschichten von Menschen erzählt, die einmal ganz unten waren, doch sie konnten den widrigen Umständen trotzen und schließlich ihr ganzes Potenzial ausschöpfen. Die Zahl der Menschen, die als Autor, Unternehmerin, Musiker oder Schauspielerin unbedeutend geblieben oder gescheitert sind, ist freilich immer weitaus größer als die Zahl derjenigen, die erfolgreich und bekannt geworden sind. Die Kunsttheoretikerin Lauren Berlant hat in diesem Zusammenhang den Begriff »grausamer Optimismus« geprägt. Er bringt Menschen dazu, sich an Versprechen zu klammern, die sich nicht einlösen lassen, und wird damit zum Hindernis für ihr eigenes Wohlergehen.[305]

Es ist eine weitverbreitete Auffassung, dass sich Erfolg nur dem eigenen Willen, der guten Ausbildung und harter Arbeit verdankt. Der Managementforscher Chengwei Liu zeigt dagegen in seinem Buch *Glück*, dass wir nicht nur den Einfluss glücklicher Zufälle gerade bei extrem erfolgreichen Menschen unterschätzen, sondern mehr noch die Herkunft, die unser Leben viel stärker als Talent und harte Arbeit bestimmt.[306] Am Markt für Selbsthilfe und Persönlichkeitsentwicklung ist es genau andersrum: charakterliche Dispositionen, Herkunft, Begabungen, Bildung, die Hilfe anderer, soziale Netzwerke oder die Macht der Zufälle, aber auch Faktoren wie IQ oder Schönheit, die wir nicht beeinflussen können – all das spielt hier eine untergeordnete Rolle. Grund dafür: Es passt nicht in die Werbelinie der Glücks- und Erfolgsexpert:innen, die mit ihrem naiven Optimismus bewusst oder unbewusst einer Gesellschaft zuarbeiten, die systemische Ungleichheiten wenig beachtet. Dolan betont, dass die

Ideologie, man könne durch harte Arbeit erfolgreich werden, gerade bei den unglücklichsten Menschen in der Gesellschaft viel Schaden anrichtet. Nur wenn wir akzeptierten, dass die meisten Ergebnisse im Leben von Faktoren außerhalb unserer Kontrolle bestimmt werden, könnten wir viele der Ungleichheiten überhaupt als ungerecht bewerten. Und es würde uns außerdem entlasten, wenn wir der Erzählung, jeder kann durch harte Arbeit erfolgreich werden, nicht entsprächen (»Ich hätte mehr erreichen sollen«).[307]

Die »Speakerin« Nicole Brandes dekliniert genau diese Erfolgserzählung auf ihrer Homepage durch, indem sie zuerst festhält: »Die meisten Menschen nutzen ihr Potential nicht«. Das sei »fatal«, denn sie hätten ein »unsägliches Potential«, wenn sie ihre »Kraft entfesseln«. An diesem Punkt kommt sie ins Spiel. Sie hat die »Giganten unserer Zeit« studiert. »Es stellte sich heraus, dass die drei Prozent der erfolgreichsten Menschen der Erde im Wesentlichen dem gleichen Plan, den gleichen Gewohnheiten und der gleichen Denkweise folgen. Das ist sogar wissenschaftlich erwiesen.« Also hat sie einen »Entwicklungsplan für Giganten« erstellt. »Alles, was Menschen wissen müssen, die das für sich selbst ebenfalls erreichen wollen, habe ich für Sie in 12 Schritten zusammengefasst.«[308] Bob Proctor ist in einem nachstehenden Video überzeugt, dass das Programm von Nicole Brandes »über Nacht« wirkt. Wer da noch erfolglos und unglücklich ist, kann es wohl nur selbst vergeigt haben.

Paradoxe Effekte des Optimierungsstrebens

Ein Paradox bedeutet, dass mit einer Strategie etwas anderes erreicht wird, als gewollt, oder es gerade unser Streben nach etwas Bestimmtem ist, das uns von dem abhält, was wir eigentlich erreichen wollen. Der Begriff Selbstoptimierung impliziert per se eine Verbesserung. Selbstoptimierung kann allerdings auch – das ist freilich kein Alleinstellungsmerkmal der Selbstoptimierung – selbstschädigend oder »zwänglerisch« werden oder auch dazu führen, dass sich etwas verbessert, während sich gleichzeitig etwas anderes verschlechtert. Ein Beispiel für einen paradoxen Effekt der Selbstoptimierung wurde schon genannt: Menschen, die ihr persönliches Glück besonders wichtig nehmen und sehr stark darauf achten, erleben im Alltag seltener Glücksmomente.[309] Es ist das von Frankl angesprochene Glücksparadox: Besonders problematisch ist es, nach Glück zu streben, wenn es uns prinzipiell eher gut geht. Menschen, die stressfrei leben und ihr Glück steigern wollen, sind unglücklicher als diejenigen, die nicht so viel Wert auf Glück legen.[310]

Auf diesen Widerspruch trifft man auch häufig in der Welt der Energetik, Esoterik und in vielen anderen Therapieangeboten, wo man dem »Denken« einerseits kritisch gegenübersteht, aber obsessiv über Intuition, Freude, Kraft, Verbundenheit, fließende Energien, Lebendigkeit und Liebe redet und reflektiert. Der Befindlichkeitsdiskurs, der das eigene Selbst zum Objekt macht, verhindert eher, von etwas unmittelbar und sinnlich berührt zu werden. Das Glück wird »zerredet«, indem man ihm ständig »hinterher-denkt« (»in die Wahrnehmung gehen«). Brinkmann spricht von einem Selbstfindungsparadox. »Je mehr Sie sich selbst hinterfragen, desto schlechter werden Sie sich fühlen. Ärzte nennen so etwas das Gesundheitsparadox: Je besser den Patienten geholfen wird und je kritischer sie ihren Zustand beobachten, desto schlechter fühlen sie sich.«[311] Wenn es um das Thema Glück geht, wird häufig auf Mihály Csíkszentmihályi und seine Ausführungen zum »Flow«-Erlebnis als Quelle des Glücks verwiesen. Übersehen wird meist, dass in diesem Konzept Flow und Glück nicht dasselbe sind. »Erleben wir flow, so sind wir nicht glücklich; denn um Glück zu empfinden, müssen wir uns auf innere Zustände konzentrieren, und das würde die Aufmerksamkeit von der momentanen Aufgabe abziehen.«[312] Flow ist ein Beispiel für eine Resonanzerfahrung, wie sie Hartmut Rosa in seiner Resonanztheorie dargestellt hat. Demnach gelingt unser Leben, wenn ein vibrierender Draht zwischen uns und der Welt ist, wenn wir von jemanden oder etwas berührt werden, wenn wir etwas bewegen und bewegt werden, wenn wir uns etwas anverwandeln, wenn wir uns in einer antwortenden Welt getragen und geborgen fühlen. Zur Resonanz gehört wesentlich auch, dass es immer ein Moment der Unverfügbarkeit gibt. Resonanz lässt sich nicht planen, herstellen und kontrollieren. Rosa bringt hierzu ein Beispiel: Es fängt unvermutet an zu schneien. Das kann uns verwandeln, wir haben es nicht unter Kontrolle, und genau darin liegt die Schönheit der Verwandlung. »Und wenn wir den Schnee in die Hand nehmen, dann sieht und fühlt man, was Unverfügbarkeit heißt: Er zerrinnt uns unter den Fingern. Und wenn wir ihn in die Tiefkühltruhe legen, dann hört er auf, Schnee zu sein. Und wenn wir ihn künstlich herstellen, durch Schneekanonen zum Beispiel, dann verliert er seinen Zauber.«[313]

Einige weitere Beispiele für Optimierungsbemühungen, die paradoxe Effekte erzeugen: Steve Ayan kritisiert die »verbissene Selbstaufmerksamkeit«, die mehr schadet als nützt: Je stärker man mental fokussiert, desto schlechter werden gewisse Ergebnisse – zumindest öfter, als wir glauben. Lässt man dagegen los und wendet sich etwas anderem zu, haben wir plötzlich einen guten Gedanken, eine neue Idee.[314] Der bekannte Spruch »Weniger ist mehr« hat es in der Praxis schwer. In Experimenten konnte gezeigt werden, dass wir beim Lösen von Problemen dazu neigen, eher etwas Neues hinzuzufügen, als etwas wegzulassen. Anstatt etwa bestehende Regeln zu reduzieren, werden eher neue Vorschläge kreiert. Anstatt Programme einfacher zu machen, werden sie oft verkompliziert. Additive Problemlösungen können, müssen aber nicht immer besser sein als subtraktive Lösungen.[315] Der Psychologe Barry Schwarz hat zwei Typen beschrieben, die sich darin unterscheiden, wie sie Dinge auswählen. Die »Genügsamen« wählten schneller aus und verglichen weniger als die »Maximierer«. Letztere wollten eine möglichst perfekte Wahl treffen, sie ließen sich mehr Zeit und verglichen genau. Sie träfen damit zwar die besseren Entscheidungen, seien mit ihrer Wahl im Schnitt aber weniger zufrieden als die Genügsamen.[316] Mathias Binswanger hat die Tretmühlen des Glücks beschrieben. Sie entstehen, wenn wir zum Beispiel nach mehr Geld und Wohlstand streben und uns dann schnell an das neue Niveau gewöhnen. Der technische Fortschritt wiederum hilft uns zwar Zeit zu sparen, was aber nur dazu führt, dass wir die Zeit intensiver nutzten und dadurch wiederum von einem Gefühl der Zeitnot heimgesucht würden (Rebound-Effekt).[317]

Das häufig gepriesene Visualisieren und Manifestieren von Zielen bringt hier keine Vorteile. Es wirkt eher entspannend und macht träge. Bessere Resultate werden durch mentales Kontrastieren erzielt. Dabei werden alle Hindernisse bedacht, die am Weg zu einem Ziel auftauchen können.[318] In Experimenten hat sich gezeigt, dass sogenannte defensive Pessimisten nicht trotz, sondern wegen ihres Pessimismus das Beste aus ihrer Situation machen können. Defensiver Pessimismus ist für viele eine erfolgreiche Strategie, mit Herausforderungen und Rückschlägen umzugehen.[319] Die Empfehlung, optimistisch und positiv zu denken, führt gerade bei Menschen, die weniger optimistisch gestimmt sind, zum Gegenteil. Sie fühlen sich unter Druck gesetzt und agieren suboptimal. Positive Selbstgespräche oder Affirmationen haben gerade bei jenen, die ein positives Selbstbild am dringendsten brauchen, einen gegenteiligen Effekt. Sie fühlen sich noch schlechter, weil die positiven Botschaften (wie: »Ich bin ein liebenswerter Mensch«) nicht mit ihrem eigentlichen Selbstbild übereinstimmen.

In einem anderen Experiment wurde einer Gruppe ein unglückliches Ereignis erzählt. Jene, die aufgefordert wurden, darüber nicht traurig zu sein, fühlten sich schlechter als jene, denen nicht gesagt wurde, wie sie sich fühlen sollten. Ein weiteres Experiment hat ergeben, dass das Herz von Personen, die an Panikattacken litten, beim

Hören von Meditationsmusik schneller schlug als bei jenen, die etwas ohne einem expliziten »Entspannungsgehalt« hörten.[320] Menschen sind in jenen Berufen unzufriedener, stärker belastet und Burnout-gefährdet, von denen viel »Emotionsarbeit« verlangt wird, die also Gefühle zeigen müssen, die sich nicht mit ihren wirklichen Gefühlen decken. Die Soziologin Arlie Hochschild zeigte dies bereits in den 1980er-Jahren am Beispiel von Flugbegleiterinnen. Ähnliche Beobachtungen gibt es auch bei Pflegeberufen oder im Verkauf, wo es oft zu einer »emotionalen Dissonanz« kommt. Hochschild folgerte daraus: Wer seine Gefühle ständig manipuliert, wird sich selbst fremd.[321]

Ein weiteres Paradox ist es, dass wir Stärke brauchen, um selbstbewusst zu unseren Schwächen stehen zu können. Der Musiker und Künstler Nick Cave, der seit 2018 auf seinem Blog »The Red Hand Files« Fragen seiner Fans beantwortet, sagt, seine Erfahrungen der Zerbrechlichkeit mit anderen zu teilen, habe ihn stärker gemacht: »Die Red Hand Files haben einen wesentlichen Anteil an diesem Gefühl der Widerstandsfähigkeit gegenüber der Willkür und Gleichgültigkeit der Welt, sie haben mich stärker gemacht. Jede Antwort, die ich schreibe, scheint ein Akt der Hingabe zu sein, zugleich aber auch eine Art Panzerung – Verletzlichkeit als eine Form des Schutzes.«[322] Einer sechzehnjährigen Italienerin, die ihm schrieb, sie fühle sich schlecht und könne nichts Positives in ihrem Spiegelbild erkennen, antwortete er:[323]

> »(…) Es ist praktisch unmöglich in einem Spiegel zu erkennen, dass die Essenz unseres Menschseins, unsere Verletzlichkeit und Zerbrechlichkeit, das Schönste ist, das wir besitzen. Wenn wir jung sind, kann uns diese Verletzlichkeit als Scham oder Schwäche erscheinen, wenn wir versuchen, uns gegen eine Welt zu wappnen, die wir als brutal, unversöhnlich und verurteilend empfinden. Aber diejenigen, die sich ihrer eigenen Zerbrechlichkeit nicht bewusst sind, die sich selbst als

allzu selbstbewusst, gepanzert und unverwundbar darstellen, opfern die Essenz dessen, was sie sowohl menschlich als auch schön macht.

Verletzlichkeit ist das, was es uns ermöglicht, miteinander in Verbindung zu treten und bei anderen das gleiche Unbehagen zu erkennen, das sie mit sich selbst und ihrem Platz in der Welt haben. Verletzlichkeit ist der Antrieb des Mitgefühls und kann eine Kraft sein, ein besonderer Blick, der es uns ermöglicht, die bebende, verwundete innere Welt zu sehen, die die meisten von uns besitzen. (…) Deine schmerzerfüllte Frage birgt große Hoffnung, denn um eine bedeutungsvolle Verbindung mit der Welt herzustellen, müssen wir ein Verständnis für die ihr innewohnende Tragödie haben. Paradoxerweise liegt in der Zerbrechlichkeit deiner Frage eine immense Stärke und sagt etwas sehr Tiefgründiges über dich als Person aus; etwas sehr Schönes leuchtet durch deine traurigen Worte. Dieser Körper, in dem du ›nichts Positives sehen kannst‹, birgt ein ungewöhnlich mutiges, ehrliches und intelligentes Herz in sich. Deine Frage ist ein Beweis für deine Besonderheit, und indem du sie gestellt hast, hast du uns alle berührt.

Du hast gefragt, was du tun kannst, wie du dich verhalten sollst. Bitte, kümmere dich um dich selbst. Suche nach schönen Dingen, Inspirationen, Verbindungen und Freunden, die dich stärken. Vielleicht kannst du ein Tagebuch führen und Dinge aufschreiben. Das geschriebene Wort kann viele eingebildete Dämonen zur Ruhe bringen. Identifiziere die Dinge, die dir in der Welt Sorgen bereiten, und bemühe dich schrittweise darum, sie zu beseitigen. Versuche unbedingt, einen Sinn für Humor zu kultivieren. Sieh die Dinge mit deinem mutigen Herzen. Sei gnädig mit dir selbst. Sei freundlich zu dir selbst. Sei freundlich.

In Liebe, Nick«

Resümee

Gilgamesch – um Enkidu, seinen Freund, weint er bitterlich und läuft in der Steppe umher. Auch ich werde sterben, und werde nicht auch ich dann so wie Enkidu sein? – Trübsal ist eingekehrt in meinen Leib. Ich begann, den Tod zu fürchten, und so laufe ich in der Steppe umher.

Gilgamesch Epos, ca. 3000 v. Chr.

Echtes Glück für mich bedeutet, auch mal unglücklich sein zu können. Und echte Zufriedenheit bedeutet, mit seiner Unzufriedenheit zufrieden sein zu können. Und das bedeutet letztlich Loslassen.

Zen-Meister Muho Nölke

Der Philosoph Franz Schuh vermutet in seinem Buch *Fortuna*, dass wahrscheinlich nur die wenigsten Menschen halbwegs glücklich sind.[324] Die ungebrochene Hochkonjunktur am Glücksmarkt zeigt demgegenüber: Es gibt (scheinbar) eine wachsende Zahl an Menschen, die wissen, wie man des Glücks mächtig wird. Es hat den Anschein, als sei Glück »eigentlich« so einfach zu haben, dass wir nicht akzeptieren können, nicht glücklich zu sein. Populär geworden ist ein Buddha zugeschriebenes Zitat, das perfekt zu unserer heutigen Kultur der Selbstoptimierung passt: »Es gibt keinen Weg zum Glück. Glücklichsein ist der Weg.« Sei einfach glücklich. Es gibt eine tausende Jahre alte Geschichte der moralischen Erziehung. Misst man sie an den hehren Idealen, so muss man festhalten: Sie ist im Wesentlichen gescheitert. »Handle so, dass die Maxime deines Willens jederzeit zugleich als Prinzip einer allgemeinen Gesetzgebung gelten könnte.« Wer könnte behaupten, dem kategorischen Imperativ Immanuel Kants folgen zu können? Im Bereich der Moral verstehen wir, dass wir es selten schaffen, ein »guter Mensch« zu sein. Wir sind bemüht, aber nachsichtig. Dass wir es nicht schaffen, glücklich(er) zu sein, betrachten wir nicht mit gleicher Nachsicht, sondern erleben es als Versagen. Es macht uns unglücklich. Das ist ein Optimierungsparadox, das ich im Kontext der Persönlichkeitsentwicklung dargestellt habe.

Selbstoptimierung zwischen progressiven Idealen und neuen Zwängen

Selbstoptimierung im engeren Sinn ist als Prozess beschrieben worden, sich einem Ziel anzunähern, indem das zu verbessernde Verhalten regelmäßig erfasst, gemessen und angepasst wird.[325] Selbstoptimierung ist zwar vor allem bei der gebildeten, urbanen Mittelschicht zu finden, sie ist aber auch jenseits dieser sozialen Gruppe verbreitet und richtet sich potenziell an alle, denen die prinzipielle Fähigkeit zur eigenen Optimierbarkeit zugesprochen wird.[326] Wie weit und in welcher Weise sie tatsächlich Eingang in den Alltag der Menschen findet, ist allerdings unklar. Es gibt keine empirischen Untersuchungen dazu und die Grenzen zwischen einzelnen Aktivitäten zur Verbesserung gewisser Fähigkeiten und einer Selbstoptimierung im engeren Sinn verschwimmen in der Praxis. Häufig wird der Trend zur Selbstoptimierung mit einer einzigen »Variable« wie dem Neoliberalismus in Verbindung gesetzt. Diese Reduktion wird dem vielschichtigen Phänomen Selbstoptimierung nicht gerecht. Die Vermarktlichung der Alltagskultur hat ihre eigensinnigen wirtschaftlichen, technologischen und soziokulturellen Ursachen, die sich keiner klaren politischen Verantwortung zuschreiben lassen. Entsprechend unterschiedlich sind die dahinterstehenden Motive: Menschen optimieren sich, weil Strukturen sie dazu nötigen, weil sie neugierig sind, weil es Selbstbestätigung oder Vorankommen verspricht, aufgrund verinnerlichter Wertmaßstäbe oder einfach weil es technisch möglich ist.[327]

Der Dokumentarfilm *People's Republic of Desire* aus dem Jahr 2018 zeigt auf unheimliche Weise die Vielfalt der Motive. Der Film porträtiert die großen Live-Streaming-Events in China. Sogenannte Hosts haben dort ihre eigenen Shows, denen geschätzt über 430 Millionen Chinesen online folgen. Sie preisen Produkte an, singen, tanzen und unterhalten ihr Publikum. Dafür bekommen sie nicht nur »Likes« und Geld aus Werbeeinnahmen, sondern auch direkt Geld von ihren Fans. Die richtige Persönlichkeit und Performance können ein Monatseinkommen von bis zu 200 000 Dollar bringen. Höhepunkt des Live-Streamings sind Wettkämpfe unter den Hosts um die Gunst ihrer Fans. Sie werden angefeuert, möglichst viel zu spenden, was der Hauptinhalt des Wettkampfs ist. Wer verdient am meisten? Viele Internetstars haben einen so hohen Stellenwert, dass Fans buchstäblich ihren letzten Cent an sie spenden. Für sie sind die Livestreamer Vorbilder und eine Pause vom eintönigen, harten Arbeitsleben. Dahinter stehen die immer gleichen menschlichen Bedürfnisse nach Glück, Anerkennung und Verbindung.[328]

Viele Motive der Selbstoptimierung haben ihre Wurzeln in progressiven Idealen, die seit den 1960er-Jahren ihre Kreise gezogen haben: sich selbst entfalten, seinen Talenten und Wünschen folgen, so leben, wie man will. Darin liegt eine befreiende Kraft. Es gibt gute Gründe, sich gegen starre soziale Strukturen zu wenden, die die Entfaltungsmöglichkeiten von Menschen unnötig einschränken. In Verbindung mit anderen gesellschaftlichen Entwicklungen können diese progressiven Ideale aber auch problematische Effekte haben. Authentizität ist Ausdruck unseres Strebens nach Selbstbestimmung, sie ist aber zugleich ein Feld der Selbstoptimierung geworden, um dem eigenen Bild näher zu kommen, bei dem nicht leicht zu sagen ist, was davon aus eigener Veranlagung und was aus externer Anforderung kommt. Schönheit, Fitness, Persönlichkeitsentwicklung – wo folge ich authentischen Impulsen, wo den Normen unserer dynamischen Konsum- und Arbeitswelt, die mir nahelegen oder mich sogar dazu nötigen, mich ständig weiterzuentwickeln? Problematisch sieht Svend Brinkmann, dass wir in einer Gesellschaft, die immer mehr fordert, niemals genug erreichen können.[329]

An vielen Beispielen habe ich kritisch beleuchtet, dass wir heute – wie Andreas Reckwitz es nennt – in einer »Kultur der positiven Affekte« leben, die den negativen oder auch nur ambivalenten Lebenserfahrungen wenig Raum gibt.[330] Diese Kultur hat eine eigene Moral hervorgebracht, die die Philosophin Alenka Zupančič so beschreibt: »Negativität, Mangel, Unzufriedenheit und Traurigkeit werden mehr und mehr als moralische Fehler wahrgenommen – schlimmer noch, als eine Korruption auf der Ebene unseres eigentlichen Seins oder bloßen Lebens. Es gibt einen spektakulären Anstieg dessen, was man eine Bio-Moral nennen könnte (...), die für folgendes fundamentale Axiom wirbt: Ein Mensch, der sich gut fühlt (und glücklich ist), ist ein guter Mensch; ein Mensch, der sich schlecht fühlt, ist ein schlechter Mensch.«[331] In diesem Axiom, so Reckwitz, mangelt es an Ressourcen zur »Enttäuschungstoleranz und -bewältigung«. Er meint damit zum einen, dass die anspruchsvolle Lebensführung der erfolgreichen Selbstverwirklichung anfällig für Enttäuschungen ist. Entweder im Vergleich zum Lebenserfolg der Anderen, deren tatsächlicher oder vermeintlicher Grad an Erfüllung einen Schatten auf die eigene Bilanz wirft. Oder im Vergleich zu den vielen Beratungsangeboten, die irgendeine Form der Selbsttransformation nahelegen. Zum anderen gilt das für Enttäuschungen, die sich aus Tatsachen ergeben, über die wir nicht verfügen können. An erster Stelle stehen hier Krankheit und Tod. Es können aber auch Unglücksfälle sein, die biografische Herkunft oder eine charakterliche Ausstattung, die sich trotz aller Versuche nicht verändern lässt.

Was ich mitgenommen habe …

Wenn man sich forschend mit der Selbstoptimierung beschäftigt, findet man sich in einem großen Haus mit vielen Türen und Räumen wieder. Überall tun sich spannende Themen und Diskussionsstränge auf, die unterschiedliche Perspektiven auf das Phänomen Selbstoptimierung eröffnen. Viele davon fanden Eingang in dieses Buch. Ich möchte ein paar Gedanken als Resümee herausgreifen, unterteilt in drei Ebenen: die gesellschaftliche Ebene, die Ebene der Persönlichkeitsbildung und die persönliche Ebene.

Die Ebene der Gesellschaft

Selbstoptimierung wird von zwei Seiten angetrieben: Zum einen wollen wir möglichst viel aus unserer Lebenszeit herausholen. Dazu ermuntert uns ein riesiger Produktmarkt, zu dem ich neben der steigenden Zahl an technischen Hilfsmitteln auch die vielen Angebote zähle, die unter dem Titel Coaching, Training und Beratung Optimierung versprechen. Zum anderen verspüren wir in unserer sich schnell wandelnden Gesellschaft den Druck, immer irgendwo nachzubessern. Die Überzeugung, sich im Zweifel nur auf sich selbst verlassen zu können, verstärkt Selbstoptimierungstrends. Reckwitz sieht beides als Teil eines großen Paradigmenwechsels. Nach dem Zweiten Weltkrieg war das Paradigma der Regulierung bestimmend: Wirtschaft und Gesellschaft waren gleichermaßen stark reguliert. Es gab einen Konformismus in der Lebensführung, eindeutige Rollenverteilungen und eine Diskriminierung von allem, das »anders« war. Dieses Paradigma führte zu einer doppelten Krise: zur Krise des Keynesianismus, der nicht mehr für Vollbeschäftigung und Wirtschaftswachstum sorgen konnte. Und zu einer kulturellen Krise, die individuelle Entfaltungswünsche unbefriedigt ließ.

Es folgte ein Paradigma der Dynamisierung, das keineswegs nur neoliberal war, sondern auch linksliberal: Persönlichkeitsrechte wurden ausgeweitet, die gesellschaftliche Diversität hat zugenommen. In beiden Fällen ging es um Entgrenzung, hier von Märkten, dort von Identitäten und Lebensformen. Reckwitz diagnostiziert heute eine Krise, die sich aus einem Übermaß an Dynamisierung ergibt. Der Neoliberalismus hat zur Finanzkrise, in vielen Staaten zu einer unterentwickelten öffentlichen Infrastruktur und vor allem zu einer starken Polarisierung von Arm und Reich oder auch von Stadt und Land geführt. Die linksliberale Entgrenzung zeigt allerdings ebenfalls Schattenseiten, wenn beispielsweise kollektive Verpflichtungsgefühle als altmodisch erscheinen oder die Grenzen zwischen Selbstverwirklichung und Egoismus verschwimmen. Warum sollte man den weniger begünstigten Mitgliedern in der Gesellschaft etwas schuldig sein? Die Antwort auf diese Frage, resümiert Michael Sandel, hängt davon ab, ob wir anerkennen, »dass wir, wie sehr wir uns auch bemühen, nicht völlig autark sind; dass wir es glücklichen Umständen zu verdanken haben, wenn die Gesellschaft unsere Fähigkeiten schätzt. Ein Gefühl für die Zufälligkeiten des Lebens kann eine gewisse Demut hervorrufen: ›Das hätte auch mir passieren können, wenn nicht die Gnade Gottes, der Zufall der Geburt oder das Mysterium des Schicksals mich davor bewahrt hätte.‹ Eine solche Demut steht am Anfang des Weges, der uns von der brutalen Ethik des Erfolgs, die uns auseinandertreibt, zurückführt. Sie weist über die Tyrannei der Leistung hinaus auf ein weniger erbittert geführtes, großzügigeres öffentliches Leben.«[332]

Reckwitz sieht das Paradigma der Dynamisierung als vorläufig an ein Ende angelangt. Er fragt sich, ob eine Politik denkbar ist, die nicht auf dem klassischen Fortschrittsversprechen von »mehr«, »einfacher« und »besser« basiert. Resilienz könnte ein neuer Leitwert werden. Statt um Fortschritt ginge es dann darum, widerstandsfähiger gegenüber negativen Entwicklungen zu werden. Resilienz allein sei aber zu wenig: »Das hieße dann etwa, nur noch mit den Folgen des Klimawandels zu leben lernen und gar nicht mehr zu versuchen, diesen selbst abzubremsen. Trotzdem sehe ich im Resilienzkonzept etwas Bedenkenswertes, nämlich gegen den naiv optimistischen Fortschrittsglauben die Einsicht, dass sich negative Ereignisse nicht komplett vermeiden lassen. Man muss mit den Verlusten rechnen. Das ist eine Ernüchterungskur, vielleicht aber auch eine Realismuskur. Man kann ja auch beides versuchen: resilienter zu werden und sich weiterzuentwickeln.«[333] Ähnlich argumentiert der Soziologe Philipp Staab. In einer Welt, die von Krieg, Pandemie, Klimawandel und Energie- und Ressourcenknappheit bedroht sei, müssten wir von Selbstverwirklichungsansprüchen Abstand nehmen. Nicht mehr Selbstentfaltung sei das Leitmotiv in der kommenden Gesellschaft, sondern Selbsterhaltung.[334] In Zukunft werde es um die Frage gehen, wie sich hochkomplexe Gesellschaften stabilisieren können, ohne die Freiheit des Einzelnen mehr als nötig einzuschränken. Statt um Fortschritt gehe es heute in der Politik um Schadensbegrenzung und den Erhalt eines gefährdeten Status quo. Die Anpassung an eine fragile Welt zwinge uns einerseits, uns einzuschränken oder das Verhalten zu ändern, aber sie entlaste uns auch vor Überforderungen der Selbstverwirklichung und eines »räuberischen Fortschritts«. Wer nicht mehr glaubt, alles für sich herausholen zu müssen, glaubt auch nicht mehr, es ständig zu müssen. Angesichts akuter Überlebenskrisen bringe das Projekt der Selbsterhaltung viele Menschen ins Handeln und dabei zu sich, zueinander und über sich hinaus. Das Versprechen der Anpassung, so Staab, ist ein neues kooperatives Verhältnis zur Welt.[335]

Offen ist, welche Auswirkungen die technische und wissenschaftliche Entwicklung auf den Trend zur Optimierung haben wird. Zwei Beispiele für zweifelhafte Optimierungen: China hat ein staatliches Sozialkreditsystem errichtet, das »gutes Benehmen« belohnt und Strafpunkte für jene vergibt, die unangenehm auffallen. Gut sind etwa ehrenamtliche Tätigkeiten, Blut spenden und chinesische Produkte kaufen. Schlecht ist etwa Alkohol, die Eltern nicht besuchen oder bei Rot über die Straße gehen. Wer einen guten Kredit hat, dessen Leben wird einfacher. Andernfalls ist unter anderem das Reisen mit dem Zug oder Flugzeug untersagt, man darf keine Luxusartikel kaufen, keine Firma anmelden oder seine Kinder nicht mehr auf gute Schulen schicken.[336] Das erinnert an die Gesellschaft, die George Orwell in seinem 1949 veröffentlichten Roman *1984* beschrieben hat. Es ist die Dystopie eines Überwachungsstaates, der das Verhalten und Denken der Menschen kontrolliert und »optimiert«: Big Brother is watching you. Harari sieht heute ähnliche, aber subtiler verlaufende Entwicklungen. Die kommende technologische Revolution könnte die Macht von Big-Data-Algorithmen etablieren. Bald würden Algorithmen so viele Informationen über uns gesammelt haben, dass sie unsere verborgenen Wünsche und Ängste besser kennen als wir selbst und immer mehr Entscheidungen für uns treffen.[337]

Auch das zweite Beispiel zeigt, wie tiefgreifend Optimierungsprozesse werden könnten. In der Genforschung sind die Fortschritte verheißungsvoll: Bald soll es möglich sein, schwere Krankheiten, zum Beispiel Krebs, mithilfe von Gentherapie zu heilen. Das sind gute Nachrichten. Doch es sind nur wenige Schritte von Eingriffen, die Mängel beheben, hin zur genetischen Verbesserung des Menschen. Was ist, wenn man in naher Zukunft dazu übergeht, »genetische Upgrades« zu machen? Eltern, die es sich leisten können, mögen bei ihrem Nachwuchs eine Optimierung bei Temperament, Intelligenz oder Schönheit vornehmen lassen, damit ihr Kind die optimalen Startvoraussetzungen mitbringt. In Zukunft könnten die Klassengrenzen entlang sozioökonomischer *und* genetischer Unterschiede verlaufen und die Ungleichheit weiter verschärfen.[338]

Die Ebene der Persönlichkeitsbildung

Persönlichkeitsentwicklung, für uns oder mit anderen, alleine oder angeleitet, kann unser Leben auf verschiedene Weise bereichern: Wir lernen etwas dazu, wir probieren Neues aus, wir erfahren uns selbst in einer anderen Umgebung, wir erweitern unseren Horizont, wir bekommen neue Inspiration, entwickeln bestimmte Fähigkeiten wieder ein Stück weiter oder tun uns einfach was Gutes und freuen uns über eine Abwechslung und Auszeit in einem oft stark strukturierten Alltag. Jedes Lebensalter, so der Philosoph Peter Bieri, erlaubt uns, immer wieder neue Aspekte von uns kennenzulernen. »Alterungs- und Reifungsprozesse sind häufig mit Krisen verbunden. Wenn eine bestimmte Phase des Lebens zu Ende geht oder möglicherweise ins Leere geht, dann wird spürbar, dass etwas Neues passieren muss.« Der Weg aus solchen Krisen führe immer dazu, dass man sich besser kennenlernt und neue Aspekte und Dimensionen von sich selbst entdeckt. Daraus resultiere der endlose Bildungsprozess.[339]

In der Psychotherapie werden drei Ebenen unterschieden, auf denen Leiden reflektiert und Veränderung angestoßen werden kann. Im Grunde sind diese drei Ebenen ein Teil des »endlosen Bildungsprozesses«. Die erste Ebene ist die des bewussten Erlebens. Wir können unseren Gedanken, Gefühlen oder Erinnerungen nachgehen und nachspüren. Die zweite Ebene ist die des Verhaltens, das wir – mit viel Geduld und Ausdauer – reflektieren, bewerten und anpassen können. Die dritte Ebene ist die des Körpers, durch den auch die ersten beiden Ebenen ihren Ausdruck finden, durch Mimik, Gestik, Stimme, Blicke, Körperhaltungen und vegetative Reaktionen. Roth bezeichnet das »Körpergedächtnis« als »letztes Bollwerk« psychischer Erkrankungen. Körperzentrierte Ansätze arbeiten daher mit dem Körper und sehen diesen als Teil des Heilungsprozesses.[340] Auf unserer Suche nach einem stimmigen Leben können wir auf diesen drei Ebenen auch abseits des therapeutischen Kontextes viel erfahren und lernen. Positive Impulse geben dabei die Gedanken Hannah Arendts. Für sie wird der Mensch nicht nur einmal geboren, sondern immer wieder aufs Neue, jedes Mal, wenn er eine neue Initiative ergreift oder von einer neuen Einsicht geleitet wird. Wer wir sind, zeigt sich für andere in jeder Initiative, die wir in der Welt ergreifen. Wir brauchen die anderen, um immer wieder von Neuem zu werden, wer wir sind. Wir brauchen aber auch den inneren Dialog, um uns immer wieder zu hinterfragen, wer wir sind und wer wir sein wollen oder ob wir unsere Handlungen für gut oder schlecht finden.[341]

Dieses Verständnis von Persönlichkeitsentwicklung erschöpft sich nicht in der Optimierung bestimmter Kompetenzen, die gefragt sind, um in der Arbeitswelt und der Gesellschaft zu reüssieren. Es ist auch sensibel gegenüber Psycho- und Beratungsangeboten, die die Mär der Unbegrenztheit des Menschen verbreiten. Wer diesem Glauben anhängt, kann nur mit schlechtem Gewissen zu seinen Eigenheiten und Grenzen stehen. Selbst kleine Verbesserungen fühlen sich dann an wie Stagnation angesichts des riesigen Potenzials, das angeblich in uns allen schlummert und immer zwischen uns und unserem »wahren Ich« steht. In gewisser Weise, so scheint es in diesem Optimierungswettlauf, bin ich noch »uneigentlich«, nicht ganz »wahr«, weil ich hinter meinen Möglichkeiten zurückbleibe und noch nicht »selbstverwirklicht« bin. Wie können wir eine innere Balance finden, wenn wir uns fortlaufend von Angeboten angezogen fühlen, die versprechen, dass »immer alles besser« werden kann? Persönlichkeitsbildung soll den Einzelnen in seiner konkreten Lebenssituation mit fundierten Methoden und realistischen Erwartungen stärken und dabei das Ideal von Bildung im Auge behalten: Diese setzt sich zusammen aus Selbstbestimmung, Mitbestimmung und der Fähigkeit zum sozial- und zukunftsverantwortlichen Handeln. Dafür muss sich unser Blick, unsere Neugier auf die Welt und auf andere Menschen richten. Bildung entsteht durch Wissen, Begegnung, Austausch. Wer hingegen nur mit seinen eigenen Problemen, seinen unmittelbaren Interessen und Gefühlszuständen beschäftigt ist – das stellte bereits der Philosoph Bertrand Russell vor über 100 Jahren fest – führt ein Leben, das »fiebrig und eingezwängt« ist.[342]

Die persönliche Ebene

Ob Corona-Krise, Wirtschafts- oder Klimakrise, wir erleben täglich, wie komplex und unübersichtlich unsere moderne Gesellschaft funktioniert. Es ist naheliegend, dass wir uns deshalb zuallererst für jene Bereiche interessieren, die uns persönlich betreffen und Handlungsspielräume eröffnen. Doch auch in unserem persönlichen Bereich erkennen wir immer wieder, wie schwierig es ist, Orientierung und Halt zu finden. Daher sind heute so viele Menschen offen für alle möglichen Formen von Lebensberatung. Hier dockt eine riesige Glücksindustrie an, die ein retuschiertes Bild vom Leben produziert, das so viele tiefgehende Erfahrungen ausspart, das so viele Menschen nicht in ihrer Einzigartigkeit mit ihren speziellen Eigenschaften und Präferenzen, Stärken und Schwächen, Höhen und Tiefen, mit ihrem Glauben und Zweifeln abbildet, in einer Welt, die oft verwirrend, seltsam und überwältigend ist.

Das Interesse der Glücksindustrie besteht in den Worten von Illouz und Cabanas darin, einen neuen Typus von Glücksgestörten hervorzubringen, indem sie den Menschen ständig das Gefühl einflößt, die einzig wirklich normale Lebensweise sei die, ständig das Selbst zu erforschen, irgendwelche psychischen Defekte zu korrigieren und sich um persönliche Verbesserung zu kümmern.[343] Wollen wir diese Art des Glücks überhaupt? Der Philosoph Robert Nozick hat sich in den 1970er Jahren das bekannte Gedankenexperiment einer Glücksmaschine ausgedacht: Sobald sich Menschen an diese Maschine anschließen, würden sie nur mehr positive Gefühle erleben und könnten alles sein und haben, was sie wünschten. Sie würden den Unterschied zwischen Realität und Simulation nicht wahrnehmen. Würden sie sich wirklich an eine solche Maschine anschließen lassen? Wie lange? Oder würden die meisten doch mehr Interesse am echten Leben haben, in dem es nicht nur darum geht, möglichst viele positive Gefühle und Erfahrungen zu machen?[344]

Dass Selbstoptimierung in der Form, alles möglichst bewusst und »positiv« zu gestalten, beschränkt ist, erkennen wir auch daran, dass wir viele Erfahrungen, die uns mit dem Leben in einem tieferen Sinn verbinden, gerade dann machen, wenn wir etwas nicht bewusst tun, wenn wir selbstvergessen sind, wenn wir geerdet sind und uns mit der Welt in Beziehung fühlen. Wenn ich einfach das mache, was ich gerne mache, ohne das mit einem bewussten »um zu« zu verknüpfen. Ich gehe nicht wandern, um glücklich zu sein, erlebe aber vielleicht Momente, die ich als glücklich bezeichnen kann. Ich treffe nicht Menschen, um glücklich zu sein, erlebe dabei aber vielleicht etwas, das mich glücklich macht. Ich lese nicht Bücher, um glücklich zu sein, erlebe dabei aber vielleicht Freude. Ich höre nicht Musik, um glücklich zu sein, erlebe dabei aber vielleicht Gefühle, die mich mit dem Leben verbinden, und es müssen nicht nur glückliche Gefühle sein. Es sind unsere vielen Kontrasterfahrungen, die dem Leben Sinn und Tiefe verleihen.

Wege der Veränderung

Wenn wir etwas verändern, erreichen wir das vor allem auf drei Wegen: indem wir Ängste überwinden, indem wir neue Routinen aufbauen, und indem wir herausfinden, wo es uns im Leben hinzieht. Alle diese Wege erfordern Geduld, Ausdauer und Mut. Man muss es dabei nicht so dramatisch formulieren wie der Schriftsteller Karl Ove Knausgard: »Wenn ich in diesen Jahren etwas gelernt habe, was mir gerade in unserer heutigen Zeit ungeheuer wichtig erscheint, die vor Mittelmäßigkeit förmlich überquillt, dann ist es Folgendes: Du sollst nicht glauben, dass du jemand bist. Du sollst verdammt nochmals nicht glauben, dass du jemand bist. Denn das bist du nicht. Du bist nur ein eingebildeter, mittelmäßiger, kleiner Furz. (…) Also senke das Haupt und arbeite, du kleiner Furz. Dann holst du wenigstens etwas aus dir heraus. Halt dein Maul, senk den Kopf, arbeite und vergiss nicht, dass du keinen Furz wert bist. Das hatte ich, in etwa, gelernt. Das war die Summe meiner Erfahrungen.«[345] So ähnlich mag sich das jemand als Leitmotiv nehmen, der oder die daran arbeitet, individuelle Fertigkeiten und Fähigkeiten zu verbessern oder sich selbst in einem gewünschten Sinne zu verändern.

Der Mensch ist schwer, sagt der Philosoph Camille de Toledo. In diesem Sinne bin ich in Kapitel 2 Erfahrungen von geglückter und gescheiterter Veränderung nachgegangen. Eindeutiger scheint die Welt in den Sozialen Medien. Man gewinnt bisweilen den Eindruck, die (virtuelle) Welt wäre voller Lebenskünstler:innen, die ihre Timelines vollkleistern mit Kalenderweisheiten, originellen Gedanken und lebensklugen Erkenntnissen. Sie suggerieren, man hätte sich diese bereits zu eigen gemacht und wäre nun um diese Lebensklugheit reicher. Der Fundus an Ratschlägen und Lebensweisheiten wird aber nichts helfen, wenn sie nicht in uns selbst gewachsen sind und wir sie uns »anverwandelt« haben. Dabei gibt es keine Abkürzungen, wie sie viele Ratgeber mit ihren Optimierungsversprechen anbieten. Eine Frage, die Nick Cave in seinen Red Hand Files erreichte, stammte von einer 16-Jährigen, die wissen wollte, was er heute seinem 16-jährigen Ich raten würde. Weil er sein junges Ich instinktiv schützen wolle, würde er ihm raten, nicht dieselben Fehler zu begehen, die ihn immer wieder in Situationen von Leid und Schmerz gebracht hatten. »Dieses ältere und erfahrenere Ich weiß aber auch, dass die schmerzhaften Dinge oft die Dinge sind, die dem Leben letztendlich Substanz und Sinn verleihen. Mein älteres Ich weiß, Lebensfehler sind der Weg des Schicksals, die Weichen zu stellen, die mein jüngeres Ich an den Ort bringen, an dem ich mich in diesem Moment befinde – jenen meist glücklichen Platz, an dem ich sitze, mit der Sonne, die durch das Fenster scheint, während ich eine Antwort auf deine ausgezeichnete Frage schreibe.«[346] Der Kommunikationsexperte Schulz von Thun wiederum bemerkt auf die Frage, wie die Prinzipien seines eigenen Führungsstils an seinem Institut aussehen: Vermutlich genüge er selbst nicht immer seinen eigenen Prinzipien. »Sie kennen ja die alte Regel: ›Sage mir, was du anderen predigst – und ich sage dir, womit du dich schwertust im Leben‹, nicht wahr?«[347]

Wie am Anfang des Buches festgehalten, ist mit der Selbstoptimierung die Idee verbunden, dass wir uns nach einem Ideal formen und unser Leben immer so richten können, wie wir es wünschen. Natürlich können wir uns um unser Glück und um das, was wir als wertvoll erachten, kümmern und bemühen, aber wir können das nicht mit Check- und To-Do-Listen herstellen, genauso wenig wie wir Liebe oder Freundschaft herstellen können. Auch Gefühle, Gedanken und Einstellungen entziehen sich dem direkten Verfügenwollen. So alt wie das Streben nach Glück ist darum auch die Beobachtung, dass wir unserem Glück oft selbst im Weg stehen.[348] Wir müssen anerkennen, dass wir nicht ausschließlich von unseren Potenzialen bestimmt sind, sondern auch durch unsere Ohnmacht. Und das sei nichts, dessen man sich schämen müsste, betonen Illouz und Cabanas. »Wenn wir unsere Machtlosigkeit akzeptieren, vermögen wir zu sehen, dass wir auf die eine oder andere Weise immer scheitern. Was die meisten Dinge im Leben lohnenswert macht, das sind die unvermeidlichen Fehler und der Schmerz, den sie zur Folge haben. (...). Politische Aktionen bringen vielleicht Bedrohungen und Gefahren mit sich. Schönheit ist oft durchdrungen von Trauer. Liebe zerfällt gewöhnlich. All diese Dinge mögen verletzen, aber nicht mehr, als sie wert sind.«[349]

Ein zweites Leben

Weil sich viele Dinge nicht erreichen und ändern lassen, kann gerade das Akzeptieren und Integrieren von Umständen und Grenzen der Schlüssel sein, um gut mit dem zu leben, was wir haben. Um vorwärtszukommen und das Naheliegende und Mögliche nicht zu versäumen. Dieser Weg – oft ein Lebensthema – ist kein Scheitern, kein Eingeständnis von Schwäche, sondern verlangt vielmehr eine aktive Haltung und Stärke. Wünsche, Hoffnungen und Sehnsüchte aufzugeben fällt vielen schwerer als weiter an ihnen festzuhalten, selbst wenn sie sich als untaugliches Ziel erweisen und das Streben danach nicht Selbstoptimierung, sondern Selbstsabotage bedeutet. Nicht umsonst hat die Weisheitsforschung die Bereitschaft, sich selbst und das, was sich der eigenen Kontrolle entzieht, anzunehmen, als ein Kriterium von Weisheit erkannt. »Weise Menschen haben sich intensiv und kritisch mit sich selbst auseinandergesetzt und sind in der Lage, sich selbst mit all ihren Stärken und Schwächen so zu akzeptieren, wie sie sind.«[350]

Die populäre Phrase, etwas zu akzeptieren, ist in der Realität ein großer Schritt. Daniel Schreiber berichtet darüber auf sehr persönliche Weise in seinem Buch *Allein*. Wie erwähnt, wandelte sich sein Alleinsein während Corona in eine Einsamkeit, und alte depressive Verstimmungen kamen wieder hoch. In jener Zeit ging er alte Notizen aus einer Therapie durch. Er wurde damals von seinem Therapeuten aufgefordert, Punkte zu notieren, wie er sich seine private Zukunft vorstellt. Als er die Liste Jahre später durchsah, hielt er ein Zeugnis seiner »uneindeutigen Verluste« in den Händen: Wünsche und Hoffnungen, die ihn immer begleiteten, die sich aber nie realisiert hatten. Schon damals spürte er die Trauer des Abschieds hochkommen. Er brach die Therapie ab, denn der Therapeut wollte ihm das Gefühl geben, dass er dieses Leben erreichen könnte, wenn er es nur genug wollte und daran arbeitete. Doch er hatte das Gefühl, dass diese Haltung illusorisch war. Erst jetzt begann sich zu fragen, wie sein Leben ohne die Verwirklichung seiner Zukunftsvorstellungen aussehen könnte. Erst jetzt fand er sich offen für den Gedanken der Therapeutin Pauline Boss, dass sich manchmal schlicht keine Lösungen für unsere Probleme finden, weil es diese Lösungen nicht gibt. Sie lassen sich nicht bearbeiten, nicht wegdenken oder wegtherapieren. Drängende Fragen bleiben unbeantwortet, weil sie keine Antwort haben. Unsere Aufgabe würde dann darin bestehen, die Uneindeutigkeit zu akzeptieren und in dieser Akzeptanz nach neuen Möglichkeiten für uns zu suchen. Schreiber erlebte eine Phase des Abschieds, aber auch Momente großer Offenheit, »Momente der Verwirrung, der Enttäuschung und der Zuversicht, des Nichtwissens und des Nichtwissen-Müssens. Es sind Momente, in denen man manchmal, ohne es zu merken, einen Schritt nach vorne macht und eine neue Richtung einschlägt. Es sind genau diese Momente, in denen sich das Leben neu schreibt.«[351]

Gute Geschichten über das Leben sind solche, in denen es nicht nur um das Gelingen, sondern auch um das Misslingen geht. Sie fesseln uns und spenden Trost – aber sie zeigen auch, dass man im Leben nicht alles reparieren kann: Es gibt unerfüllte Wünsche, verkorkste Biografien, vertrackte Beziehungen, Menschen, die am Leben zerbrechen. Es hilft, sich sagen zu können, schreibt Wilhelm

Schmid, dass ein bejahenswertes Leben nicht auf das Gelingen festgelegt ist. Ein erfülltes Leben ist für ihn nicht unbedingt ein leichtes Leben, entscheidend ist, ob wir es insgesamt bejahen können. Lebenskunst heißt, auch mit dem Misslingen leben zu können.[352] Christopher Hamilton beendet seine Überlegungen, wie man den Widrigkeiten des Lebens am besten begegnet, mit einem schönen Gedanken: Was immer wir erleben, wir erhalten dadurch einen einzigartigen Einblick in unser Leben und das Leben im Allgemeinen. Und damit möchte ich enden. »Der zweite Schlüsselgedanke in diesem Buch (…) ist, dass nicht trotz, sondern wegen all der Fehler, die du in deinem Leben gemacht hast, und nicht trotz, sondern wegen all der Widrigkeiten, die du erlebt hast und mit denen du fertig werden musstest, die du gut gemeistert oder verpatzt hast, das Leben, das du gelebt hast und lebst, dir einen einzigartigen Einblick in deinen Zustand und den menschlichen Zustand im Allgemeinen gegeben hat. Die Widrigkeiten in deinem Leben sind eine wertvolle Quelle der Erkenntnis gewesen.«.[353]

Danksagung

Ein Buch zu schreiben bedeutet, sich auf eine lange Reise zu begeben. Die meiste Zeit verbringt man dabei allein, aber ich habe auch wertvolle Unterstützung erhalten, ohne die das Buch nicht so geworden wäre, wie es ist. Ich danke Stefan Kraft vom Promedia Verlag für die gute Zusammenarbeit und Elvira M. Gross für ihr scharfes Auge als Lektorin. Helene Zand danke ich für ihr Interesse am Thema, für ihr offenes Ohr und die vielen Gespräche und Impulse. Anja Röcke von der Humboldt-Universität Berlin und Julia Bock-Schappelwein vom Österreichischen Institut für Wirtschaftsforschung danke ich, dass sie für ein persönliches Gespräch zur Verfügung standen. Birgit Bahtić-Kunrath und Karin Schroll danke ich für ihr kritisches Feedback. Meinem Vater danke ich für die Durchsicht des Manuskripts. Veronika Hämmerle und Caro Wolfram danke ich für die Unterstützung bei den Übersetzungen der englischen Passagen im Buch. Schließlich möchte ich mich bei allen bedanken, die dem Thema des Buches Interesse entgegenbrachten und ihre Gedanken dazu mit mir teilten.

Anmerkungen

1 Jörg Scheller: Selbstverbesserung. Wer sich nicht optimiert, hat sich aufgegeben, NZZ, 6. 2. 2019, https://www.nzz.ch/feuilleton/selbstverbesserung-wer-sich-nicht-optimiert-hat-sich-aufgegeben-ld.1457304?reduced=true.

2 Freud, Sigmund (1994): Das Unbehagen in der Kultur. Und andere kulturtheoretische Schriften, Frankfurt: Fischer, S. 41–50.

3 Ebd., S. 31.

4 De Bottom, Alain (2000): Wie Proust Ihr Leben verändern kann. Eine Anleitung, Frankfurt: Fischer.

5 Girkinger, Michael (2012): Einmal Glück und Erfolg, bitte! Über das Glück und seine Vermarktung in der Persönlichkeitsbildung. Eine Untersuchung zur Kultur der Selbstoptimierung, Marburg: Tectum.

6 Burkeman, Oliver (2021): Four Thousand Weeks. Time and how to use it, London: The Bodley Head.

7 Zeldin, Theodore (2016): Gut leben. Ein Kompass der Lebenskunst, Hamburg: Hoffmann & Campe, S. 31.

8 Es käme darauf an, Dinge nicht nur aus Not zu verändern, Interview mit Harald Welzer, Philosophie Magazin, Nr. 2/2022, S. 63.

9 Selbstoptimierung ist die Status-Zauberchiffre, Interview mit Paula-Irene Villa, https://www.zukunftsinstitut.de/artikel/selbstoptimierung-ist-die-status-zauberchiffre-interview/.

10 Bernhard Heinzlmaier: Jobs 2.0: Die verordnete Selbstoptimierung, Die Furche, 17. 4. 2017, https://www.furche.at/wirtschaft/jobs-20-die-verordnete-selbstoptimierung-1318946.

11 Jörg Scheller: Vergiss die nervtötende Perfektionierung deiner selbst – aber optimiere dich stattdessen!, NZZ, 27. 5. 2020, https://www.nzz.ch/feuilleton/nach-corona-optimiere-dich-aber-ziele-nicht-auf-perfektion-ld.1557688?reduced=true.

12 Jörg Scheller: Von der Lust, sich selbst zu optimieren, Psychologie heute compact, Nr. 68/2022, S. 82–87.

13 Sloterdijk, Peter (2009): Du musst dein Leben ändern, Frankfurt: Suhrkamp.

14 Gehlen, Arnold (2016): Der Mensch. Seine Natur und seine Stellung in der Welt, Frankfurt: Vittorio Klostermann, S. 12.

15 Küng, Hans (2009): Was ich glaube, München: Piper, S. 23.

16 Bieri, Peter (2011): Wie wollen wir leben?, Salzburg: Residenz, S. 11f.

17 Alleweldt, Erika/Röcke, Anja/Steinbicker, Jochen (Hg.) (2016): Lebensführung heute. Klasse, Bildung, Individualität, Weinheim: Beltz, S. 9.

18 Harari, Yuval (2018): 21 Lektionen für das 21. Jahrhundert, München: C. H. Beck, S. 391f.

19 Kotrschal, Kurt (2020): Sind wir Menschen noch zu retten? Gefahren und Chancen unserer Natur. Ein Plädoyer für die liberale Demokratie, Salzburg: Residenz, S. 29f.

20 Dolan, Paul (2019): Happy Ever After: Escaping The Myth of The Perfect Life, London: Penguin.

21 Springsteen, Bruce (2016): Born to run. Die Autobiografie, München: Heyne, S. 414.

22 Eigene Übersetzung. Im Original: Beneath the Surface of Bruce Springsteen, Esquire Magazine, 27. 11. 2018, https://www.esquire.com/entertainment/a25133821/bruce-springsteen-interview-netflix-broadway-2018/.

23 Market Institut: Gesundheit 2018: Wie ausgebrannt fühlt sich Österreich?, https://www.market.at/news/details/gesundheit-2018-wie-ausgebrannt-fuehlt-sich-oesterreich.html.

24 Psychisch Kranke sind in Österreich problematisch schlecht versorgt, Der Standard, 10. 10. 2019, https://www.derstandard.at/story/2000109688123/psychisch-kranke-sind-in-oesterreich-problematisch-schlecht-versorgt.

25 Statistik Austria: Österreichische Gesundheitsbefragung 2014. Hauptergebnisse des Austrian Health Interview Survey (ATHIS) und methodische Dokumentation, S. 24, http://www.statistik.at/web_de/services/publikationen/4/index.html?includePage=detailedView§ionName=Gesundheit&pubId=714.

26 Depressionen haben in der Pandemie stark zugenommen, Der Standard, 16. 12. 2020, https://www.derstandard.at/story/2000122566521/depressionen-haben-in-der-pandemie-stark-zugenommen.

27 Die psychosoziale Situation in Österreich ist prekär, Der Standard, 22. 4. 2021, S. 4.

28 Pessimismus und Misstrauen prägen die österreichische Bevölkerung, Der Standard, 5. 9. 2022, https://www.derstandard.at/story/2000138658056/pessimismus-und-misstrauen-praegen-die-oesterreichische-bevoelkerung.

29 Deloitte: Deloitte Global 2022 Gen Z and Millennial Survey, https://www2.deloitte.com/content/dam/Deloitte/at/Documents/human-capital/at-gen-z-millennial-survey-2022-oesterreich-ergebnisse.pdf.

30 Blyth, Lois (2014): Das Geheimnis des Glücks. Lache – Liebe – Lebe! Tausche Sorgen und Ängste gegen Freude und Zufriedenheit und Entscheide dich, glücklich zu leben, Bielefeld: Kamphausen.

31 Brezina, Thomas (2020): Erfolg ist, wenn du's trotzdem schaffst: Wie dich nichts und niemand stoppen kann, Wien: edition a.

32 Homepage von Manfred Winterheller: https://online.winterheller.com/.

33 Mary, Michael (2003): Die Glückslüge. Vom Glauben an die Machbarkeit des Lebens, Bergisch Gladbach: Lübbe.

34 Rainer, Gerald/Kern, Norbert/Rainer, Eva (1993): Stichwort Literatur. Geschichte der deutschsprachigen Literatur, Linz: Veritas, S. 150.

35 Maugham, William Somerset (2005): Auf Messers Schneide, Zürich: Diogenes, S. 324.

36 Zit. n. Schirach, Ariadne v. (2021): Glücksversuche. Von der Kunst, mit seiner Seele zu sprechen, Stuttgart: Tropen, S. 155.

37 Hesse, Hermann (2000): Das Leben bestehen. Krisis und Wandlung, Frankfurt: Suhrkamp, S. 115.

38 Stölzl, Thomas und Simone (Hg.) (2009): Denken mit William Somerset Maugham, Zürich: Diogenes, S. 79.

39 Auster, Paul (2017): Ein Leben in Worten. Ein Gespräch mit Inge B. Siegumfeldt, Hamburg: Rowohlt, S. 33.

40 Eco, Umberto (2021): Verschwörungen. Eine Suche nach Mustern, München: Hanser, S. 56.

41 Gilbert, Daniel (2008): Ins Glück stolpern. Suche dein Glück nicht, dann findet es dich von selbst, München: Goldmann, S. 303.

42 Miller, Henry (1990): Meine Jugend hat spät begonnen, Frankfurt: S. Fischer, S. 65f.

43 Ehrenberg, Alain (2019): Die Mechanik der Leidenschaften. Gehirn, Verhalten, Gesellschaft, Berlin: Suhrkamp, S. 26.

44 Träum weiter, Barack, Die Zeit, 48/2020, S. 2.

45 Welzer, Harald (2021): Nachruf auf mich selbst, Frankfurt: S. Fischer, S. 191.

46 Geht mir eh gut, Interview mit Nicholas Ofczarek, Der Standard, 20. 1. 2022, S. 29.
47 Tolstoi, Leo (2017): Anna Karenina, München: dtv, S. 145f.
48 Jonathan Franzen: Thinks People Can Change, Interview mit J. Franzen, Volture, 30. 9. 2021, https://www.vulture.com/article/interview-jonathan-franzen-crossroads.html.
49 Franzen, Jonathan (2019): Das Ende vom Ende der Welt, Hamburg: Rowohlt, S. 19.
50 Schuh, Franz (2017): Fortuna. Aus dem Magazin des Glücks, Wien: Paul Zsolnay, S. 196.
51 Hamilton, Christopher (2014): How to Deal with Adversity, London: Macmillan, S. 1–11.
52 Sacks, Oliver (2016): On the Move. Mein Leben, Hamburg: Rowohlt, S. 435.
53 Sacks, Oliver (2015): Dankbarkeit, Hamburg: Rowohlt, S. 16.
54 Röcke, Anja (2021): Soziologie der Selbstoptimierung, Berlin: Suhrkamp, S. 9f.
55 Ebd., S. 49f., 98, 197.
56 Straub, Jürgen (2018): Selbstoptimierung und Enhancement. Der sich verbessernde Mensch – ein expandierendes Forschungsfeld, Journal für Psychologie, 26(1), 131–155, S. 134.
57 Dalski, Loreen/Flöter, Kirsten/Keil, Lisa/Lohse, Kathrin/Sand, Lucas/Schülein, Annabelle (Hg.): Optimierung des Selbst. Konzepte, Darstellungen und Praktiken, Bielefeld: transcript Verlag, S. 10f.
58 Röcke, Soziologie der Selbstoptimierung, S. 67.
59 Dagmar Fenner: Selbstoptimierung, Bundeszentrale für politische Bildung, 22. 6. 2020, https://www.bpb.de/gesellschaft/umwelt/bioethik/311818/selbstoptimierung.
60 Michael Girkinger: Sich und die Gesellschaft besser machen, Weiterbildung. Zeitschrift für Grundlagen, Praxis und Trends, 3/2018, S. 26–28.
61 Persönliches Interview mit Hartmut Rosa, 26. 3. 2019.
62 Judith Braun/Psychophilie: Selbstoptimierung im Duden, 26. 11. 2017, https://www.psychophilie.com/blog/2017/11/26/selbstoptimierung-im-duden.
63 Bröckling, Ulrich (2007): Das unternehmerische Selbst. Soziologie einer Subjektivierungsform, Frankfurt: Suhrkamp.
64 Fenner, Dagmar (2019): Selbstoptimierung und Enhancement. Ein ethischer Grundriss, Tübingen: utb, S. 19.

65 Ebd., S. 24.

66 Zukunftsinstitut: Vom Optimierungswahn zum Mind Balancing, https://www.zukunftsinstitut.de/artikel/health-trends/vom-optimierungswahn-zum-mind-balancing/.

67 Selbstoptimierung 2.0 – Entspannt, schneller, höher und weiter kommen, Interview mit Corinna Mühlhausen, 2016, https://my.newsaktuell.de/pdf/whitepaper_selbstoptimierung_newsaktuell.pdf.

68 Fenner, Selbstoptimierung und Enhancement, S. 12f.

69 Persönliches Interview mit Anja Röcke, 29. 3. 2022.

70 Röcke, Soziologie der Selbstoptimierung, S. 52.

71 Jörg Scheller: Wider das Mittelmaß, Psychologie heute, 7. 1. 2022, https://www.psychologie-heute.de/leben/artikel-detailansicht/41672-wider-das-mittelmass.html.

72 Röcke, Soziologie der Selbstoptimierung, S. 65.

73 Ebd., S. 37.

74 Jeffries, Stuart (2021): Grand Hotel Abgrund. Die Frankfurter Schule und ihre Zeit, Stuttgart: Klett-Cotta, S. 341.

75 Pépin, Charles (2019): Sich selbst vertrauen. Kleine Philosophie der Zuversicht, München: Hanser, S. 17f.

76 Welzer, Nachruf auf mich selbst, S. 13f.

77 Günther Anders und die Atombombe, Philosophie Magazin, 6/2022, S. 70.

78 Fenner, Selbstoptimierung und Enhancement, S. 42–57.

79 62-jähriger gelähmter Mann verfasst ersten Tweet per Gedankensteuerung, Der Standard, 28. 12. 2021, https://www.derstandard.at/story/2000132192157/62-jaehriger-gelaehmter-mann-verfasst-ersten-tweet-per-gedankensteuerung.

80 Überwachung in China: Kontrolle aus Angst, Der Standard, 22. 6. 2022, https://www.derstandard.at/story/2000136792404/ueberwachung-in-china-kontrolle-aus-angst.

81 Kniet nieder, Süddeutsche Zeitung, 15./16. 10. 2022, S. 3.

82 Jansen, Markus (2020): Das größte Menschenexperiment aller Zeiten. Google und der Transhumanismus, in: Kepplinger, Brigitte/Schwanninger, Florian (Hg.): Optimierung des Menschen. Beiträge der 5. Internationalen Hartheim Konferenz, Innsbruck: Studienverlag, S. 187–206.

83 Transhumanismus: Das Streben, Menschen zu Göttern zu machen, Der Standard, 1. 10. 2022, https://www.derstandard.de/story/2000139503682/transhumanismus-das-streben-menschen-zu-goettern-zu-machen.

84 Die Weisheit des Körpers, Philosophie Magazin, 3/2019, S. 52–59.
85 Luper, Stephen (1996): Invulnerability: On Securing Happiness, Peru: Open Court, S. 6.
86 Seneca (1998): De vita beata. Vom glücklichen Leben, Stuttgart: Reclam, S. 13.
87 Ebd., S. 51.
88 Jörg Scheller: Sollen wir Menschen uns so akzeptieren, wie wir sind? Nein, wir können uns gar nicht genug optimieren!, NZZ, 6. 2. 2019, https://www.nzz.ch/feuilleton/selbstverbesserung-wer-sich-nicht-optimiert-hat-sich-aufgegeben-ld.1457304?reduced=true.
89 Zit. n. Bröckling, Ulrich/Krasmann, Susanne/Lemke, Thomas (Hg.) (2004): Glossar der Gegenwart, Frankfurt: Suhrkamp, S. 229.
90 Illies, Florian (2016): 1913. Der Sommer des Jahrhunderts, Frankfurt: S. Fischer, S. 89.
91 Wilde, Oscar (1996): Das Bildnis des Dorian Gray, Frankfurt: Suhrkamp, S. 29.
92 Tolstoi, Leo (2012): Meine Beichte, Köln: Anaconda, S. 13.
93 Ebd., S. 15–17.
94 Tolstoi, L. (o. J.): Erinnerungen, Tagebücher, Dramen. Gütersloh: Bertelsmann, S. 425.
95 Ebd., S. 484.
96 Ebd., S. 519.
97 Tolstoi, Meine Beichte, S. 43.
98 Blom, Philipp (2014): Böse Philosophen. Ein Salon in Paris und das vergessene Erbe der Aufklärung, München: dtv, S. 370f.
99 Zit. n. Girkinger, Einmal Glück und Erfolg, bitte!, S. 167.
100 Zit. n. Steinfeld, Thomas (2016): Ich will, ich kann. Moderne und Selbstoptimierung, Konstanz: University Press, S. 18.
101 Ebd., S. 84.
102 Großmann, Gustav (1993): Sich selbst rationalisieren: Lebenserfolg ist erlernbar, Lohmar: Ratio.
103 Röcke, Soziologie der Selbstoptimierung, S. 106.
104 Duttweiler, Stefanie (2013): Beratung und Therapie, in: Zeiten des Neoliberalismus - oder: Vom Zwang zur Freiheit, sich selbst zu optimieren, Psychotherapie und Sozialwissenschaften (2), S. 93–105, S. 13.
105 Im Schweiße meines Angesichts, Der Standard, 12./13. 3. 2022, S. 23.
106 Fenner, Selbstoptimierung und Enhancement, S. 158.
107 Leben nach Zahlen: Was die digitale Selbstvermessung bringt, Der Standard 20. 2. 2022, https://www.derstandard.de/

story/2000133442595/leben-nach-zahlen-was-die-digitale-selbstvermessung-bringt.

108 Selbstoptimierung als Pandemietrend, ORF, 10. 3. 2021, https://orf.at/stories/3204448/.

109 Lifelogging: Wer nicht mitmacht, wird bestraft, Interview mit Stefan Selke, Futurezone. Technologie News, 10. 7. 2014, https://futurezone.at/digital-life/lifelogging-wer-nicht-mitmacht-wird-bestraft/74.083.145.

110 Die Leute sind informiert und ignorant zugleich. Soziologe Stefan Selke zur Digitalisierung, Futurezone. Technologie News, 18. 8. 2017, https://www.futurezone.de/digital-life/article211615963/Die-Leute-sind-informiert-und-ignorant-zugleich-Soziologe-Stefan-Selke-zur-Digitalisierung.html.

111 Bin ganz Ohr, Süddeutsche Zeitung, 16./17. 2. 2019, S. 33.

112 https://www.moodscope.com/.

113 Gefährliche Leistungsschau, Kurier, 10. 3. 2019, S. 4.

114 Neue Nase, Lippen und Kiefer für 20-Jährige, Kleine Zeitung, 25. 2. 2018, https://www.kleinezeitung.at/kaernten/5377874/SchoenheitsOPs-um-7000-Euro_Neue-Nase-Lippen-und-Kiefer-fuer.

115 Die Weisheit des Körpers, Philosophie Magazin, 3/2019, S. 52–59.

116 Neuro-Enhancement: Durch Pillen das Hirn hochfahren, Der Standard, 14. 2. 2019, https://www.derstandard.at/story/2000097969231/neuro-enhancement-durch-pillen-das-hirn-hochfahren.

117 Wagner, Greta (2017): Selbstoptimierung. Praxis und Kritik von Neuroenhancement, Frankfurt: Campus, S. 22.

118 Lernen wie ein Kind: Neurostimulation per Kopfhörer auf dem Vormarsch, Der Standard, 18. 3. 2019, https://www.derstandard.at/story/2000099316490/lernen-wie-ein-kind-neurostimulation-mittels-kopfhoerer-am-vormarsch.

119 Smart Drugs: Wie intelligent können sie uns machen?, Der Standard, 27. 12. 2020, https://www.derstandard.at/story/2000122685458/smart-drugs-wie-intelligent-koennen-sie-uns-machen.

120 Gedanken per App steuern? Wie das menschliche Gehirn decodiert werden soll, Der Standard, 15. 2. 2021, https://www.derstandard.at/story/2000124155122/gedanken-per-app-steuern-wie-das-menschliche-gehirn-decodiert-werden.

121 Willemsen, Roger (2016): Wer wir waren, Frankfurt: S. Fischer, S. 49f.

122 Depression und Demokratie: Nur glücklich zu leben ist nicht möglich, Interview mit Alain Ehrenberg, 13. 7. 2008, https://taz.de/Depression-und-Demokratie/!5179080/.

123 Schreiner, Patrick (2017): Warum Menschen sowas mitmachen. Achtzehn Sichtweisen auf das Leben im Neoliberalismus, Köln: PapyRossa, S. 7.

124 Der Markt unserer Wünsche, Die Zeit, 49/2018, S. 47.

125 Freud, Sigmund (1952): Gesammelte Werke. Erster Band. Werke aus den Jahren 1892–1899, London: Imago Publishing, S. 312.

126 Beck, Ulrich (2007): Schöne neue Arbeitswelt, Frankfurt: Suhrkamp, S. 86.

127 Gross, Peter (1994): Die Multioptionsgesellschaft, Frankfurt: Suhrkamp, S. 14f.

128 Hätte ich doch. Verpasste Chancen und ungelebte Möglichkeiten, SWR 2, 10. 10. 2019, https://www.swr.de/swr2/leben-und-gesellschaft/haette-ich-doch-verpasste-chancen-und-ungelebte-moeglichkeiten-swr2-leben-2021-02-18-100.html.

129 Hillenkamp, Sven (2009): Das Ende der Liebe. Gefühle im Zeitalter unendlicher Freiheit, Stuttgart: Klett-Cotta, S. 40–53.

130 Taylor, Charles (1995): Das Unbehagen an der Moderne, Frankfurt: Suhrkamp, S. 21f.

131 Macht euren Kinderwunsch nicht von der Liebe abhängig!, Der Spiegel, 11. 10. 2011, http://www.spiegel.de/kultur/literatur/0,1518,790592,00.html.

132 Illouz, Eva (2011): Die Errettung der modernen Seele, Frankfurt: Suhrkamp.

133 Fenner, Selbstoptimierung und Enhancement, S. 22.

134 Schulz von Thun, Friedemann/Pörksen, Bernhard (2014): Kommunikation als Lebenskunst, Heidelberg: Carl Auer, S. 78f.

135 Bauer, Thomas (2018): Die Vereindeutigung der Welt. Über den Verlust an Mehrdeutigkeit und Vielfalt, Stuttgart: Reclam, S. 67.

136 Wir müssen aufhören, emotional perfekt zu sein, Der Spiegel, 14. 1. 2018, https://www.spiegel.de/kultur/gesellschaft/eva-illouz-wir-muessen-aufhoeren-emotional-perfekt-zu-sein-a-1185898.html.

137 Auf nichts verzichten, Interview mit Andreas Reckwitz, Freitag, 51/2019, https://www.freitag.de/autoren/ulrike-baureithel/auf-nichts-verzichten.

138 Der Markt unserer Wünsche, Die Zeit, 49/2018, S. 47.

139 Reckwitz, Andreas (2018): Die Gesellschaft der Singularitäten, Berlin: Suhrkamp, S. 9.

140 Illouz, Eva/Cabanis, Edgar (2019): Das Glücksdiktat. Und wie es unser Leben beherrscht, Berlin: Suhrkamp, S. 155.

141 Reckwitz, Die Gesellschaft der Singularitäten, S. 305f.
142 Marquard, Odo (2013): Endlichkeitsphilosophisches. Über das Altern, Stuttgart: Reclam, S. 40.
143 Rosa, Hartmut (2016): Resonanz. Eine Soziologie der Weltbeziehung, Berlin: Suhrkamp, S. 16f.
144 Harari, 21 Lektionen für das 21. Jahrhundert, S. 81.
145 Betz, Robert (2015): Willkommen im Reich der Fülle. Wie du Erfolg, Wohlstand und Lebensglück erschaffst, München: Heyne.
146 Ayan, Steve (2015): Hilfe, wir machen uns verrückt! Wege aus der Psychofalle, München: Piper, S. 14.
147 Dolan, Happy ever after, S. 181f.
148 Rosa, Hartmut (2005): Beschleunigung. Die Veränderung der Zeitstrukturen in der Moderne, Frankfurt: Suhrkamp.
149 Generation Karacho, Süddeutsche Zeitung, 15./16. 10. 2022, S. 45.
150 Statistisches Bundesamt: Erwerbstätige im Inland nach Wirtschaftssektoren, https://www.destatis.de/DE/Themen/Wirtschaft/Konjunkturindikatoren/Lange-Reihen/Arbeitsmarkt/lrerw13a.html; Statista: Verteilung der Erwerbstätigen in Österreich nach Wirtschaftssektoren von 2010 bis 2021: https://de.statista.com/statistik/daten/studie/217608/umfrage/erwerbstaetige-nach-wirtschaftssektoren-in-oesterreich/; Statista: USA: Verteilung der Erwerbstätigen auf die Wirtschaftssektoren von 2010 bis 2020, https://de.statista.com/statistik/daten/studie/165940/umfrage/verteilung-der-erwerbstaetigen-nach-wirtschaftssektoren-in-den-usa/.
151 Der Markt unserer Wünsche, Die Zeit, 49/2018, S. 47.
152 Nachtwey, Oliver (2016): Die Abstiegsgesellschaft. Über das Aufbegehren in der regressiven Moderne, Frankfurt: Suhrkamp.
153 Für Junge platzt der Traum von der Mittelschicht immer öfter, Der Standard, 10. 4. 2019, https://www.derstandard.at/story/2000101188488/fuer-junge-platzt-der-traum-von-der-mittelschicht-immer-oefter.
154 Immer mehr Deutsche verlieren Anschluss an Mittelschicht, Die Zeit, 1. 12. 2021, https://www.zeit.de/wirtschaft/2021-12/oecd-studie-mittelschicht-deutschland-abstieg-pandemie-bertelsmann.
155 WKO: EPU: Zahlen, Daten, Fakten 12/2021, https://www.wko.at/service/netzwerke/Zahlen,_Daten,_Fakten.html.
156 Rechnungshof (2020). Bericht des Rechnungshofes. Allgemeiner Einkommensbericht 2020, S. 32f., https://www.rechnungshof.gv.at/rh/home/home_1/home_1/Allgemeiner_Einkommensbericht_2020.pdf.

157 Sag mir welche Zukunft kommt, Management Standard, Jänner 2020, M1.

158 Frey, Carl Benedikt/Osborne, Michael (2013): The Future of Employment: How susceptible are Jobs to Computerisation?, https://www.oxfordmartin.ox.ac.uk/downloads/academic/The_Future_of_Employment.pdf.

159 Oxford-Forscher warnt: Roboter werden vor allem Männer ersetzen, Die Presse, 22. 1. 2018, https://www.diepresse.com/5357979/oxford-forscher-warnt-roboter-werden-vor-allem-maenner-ersetzen.

160 Bock-Schappelwein, Julia/Friesenbichler Klaus (2019): Auswirkungen der Digitalisierung nach Tätigkeitsschwerpunkten in Österreich, WIFO-Monatsberichte, 92(2), S. 697–705.

161 Bock-Schappelwein, Julia/Famira-Mühlberger, Ulrike/Leoni, Thomas (2017): Arbeitsmarktchancen durch Digitalisierung, 352–2/S/WIFO, https://www.wifo.ac.at/jart/prj3/wifo/resources/person_dokument/person_dokument.jart?publikationsid=60909&mime_type=application/pdf.

162 Mehr als eine halbe Million Arbeitslose zum Jahresende, Wiener Zeitung, 4. 1. 2021, https://www.wienerzeitung.at/nachrichten/wirtschaft/oesterreich/2087313-Mehr-als-eine-halbe-Million-Arbeitslose-zum-Jahresende.html.

163 AMS: Deutliche Erholung des Arbeitsmarkts im August 2021, https://www.ams.at/regionen/osterreichweit/news/2021/08/deutliche-erholung-des-arbeitsmarkts-im-august-2021.

164 Das Jahr des Wandels der Jobwelt, Der Standard, 2. 1. 2022, https://www.derstandard.at/story/2000132247350/das-jahr-des-wandels-der-jobwelt.

165 Persönliches Interview mit Julia Bock-Schappelwein, 14. 10. 2022.

166 Ich bin der Change-Agent, Der Standard, 21. 2. 2015, https://www.derstandard.at/story/2000011937604/ich-bin-der-change-agent.

167 Millennials sehen die Zukunft für Jobs und Umwelt düster, Der Standard, 25. 6. 2020, https://www.derstandard.at/story/2000118286445/millennials-sehen-die-zukunft-fuer-jobs-und-umwelt-duester.

168 Anforderungen der Arbeitgeber an Mitarbeiter nehmen stark zu, Kleine Zeitung, 3. 12. 2020, https://www.kleinezeitung.at/wirtschaft/5906883/Stellenanzeigen-ausgewertet_Anforderungen-der-Arbeitgeber-an.

169 Deloitte (Hg.): Die Zukunft der Arbeit – Österreichische Arbeitsmarktherausforderungen – Gestaltungsaufgabe für Unternehmer:innen, April 2022, S. 10.

170 Zimmermann, Mirjam/Roth, Michael (2018): »Werde, der du bist!« Selbstoptimierung als Phänomen, seine Interpretation und religionspädagogische Strategien zum Umgang, Theo-Web, 17(1), S. 66–82, S. 73, https://www.theo-web.de/ausgaben/2018/17-jahrgang-2018-heft-1/news/werde-der-du-sein-willst-selbstoptimierung-als-phaenomen-seine-interpretation-und-religionspaedag-1.

171 Groth, Stefan (2019): Optimierung bis zur Mitte. Selbstoptimierung als Konstellation und relationale Subjektivierung, Österreichische Zeitschrift für Volkskunde 122 (1), 27–54.

172 Bude, Heinz (2015): Gesellschaft der Angst, Hamburg: Edition HIS, S. 19.

173 Harari, 21 Lektionen für das 21. Jahrhundert, S. 30.

174 Ebd., S. 57–61.

175 Sandel, Michael (2020): Vom Ende des Gemeinwohls. Wie die Leistungsgesellschaft unsere Demokratie zerreißt, Frankfurt: S. Fischer, S. 39.

176 Ebd., S. 42.

177 Girkinger, Einmal Glück und Erfolg, bitte!, S. 261f.

178 Ebd., S. 277 und S. 20.

179 Sei authentisch! Von wegen, Der Standard, 25./26. 5. 2019, M2.

180 Sinnvolle Arbeit ist Beschäftigten wichtiger als viel Freizeit, Der Standard, 9. 10. 2022, https://www.derstandard.at/story/2000139454715/sinnvolle-arbeit-ist-beschaeftigten-wichtiger-als-viel-freizeit.

181 Es ist eine riesige stille Revolution am Arbeitsmarkt im Gange, Der Standard, 27. 10. 2021, https://www.derstandard.at/story/2000130722993/es-ist-eine-riesige-stille-revolution-am-arbeitsmarkt-im-gange.

182 Rosa, Resonanz, S. 616.

183 Die Corona-Krise könnte unsere Prioritäten ändern. Hartmut Rosa und Vera King über die Lehren, die wir aus der Corona Krise ziehen können, Frankfurter Rundschau, 22. 4. 2020, https://www.fr.de/politik/hartmut-rosa-vera-king-corona-krise-koennte-unsere-prioritaeten-aendern-13685349.html.

184 Lipinski, Andreas (Hg.) (2020): Wer werden wir sein? Über die Zukunft des Menschen, Freiburg: Herder, S. 13.

185 Wir erleben einen Wandel hin zu einer Politik des Negativen, Philosophie Magazin, 2/2021, S. 50–53.

186 Wer einfach mal abhängt, macht sich verdächtig, Interview mit Paula-Irene Villa, Der Spiegel, 13. 2. 2015, https://www.spiegel.de/

lebenundlernen/schule/oekonomisierung-der-bildung-interview-mit-paula-irene-villa-a-1017767.html.

187 WKO: Der Fitness-Markt in Österreich, https://www.wko.at/site/Fitnessbetriebe/Der-Fitness-Markt-in-Oesterreich.html.

188 Ist Gesundheitskompetenz die Ursache für den westlichen Fitnessboom?, EPALE – E-Plattform für Erwachsenenbildung in Europa, 1. 2. 2018, https://epale.ec.europa.eu/de/blog/health-literacy-cause-western-fitness-boom.

189 Brinkmann, Svend (2018): Pfeif drauf! Schluss mit dem Selbstoptimierungswahn, München: Knaur, S. 85.

190 Fenner, Selbstoptimierung und Enhancement, S. 28f.

191 Bobbio, Norberto (2018): Vom Alter – De senectute, Berlin: Klaus Wagenbach, S. 104.

192 Burkeman, Four Thousand Weeks, S. 3.

193 Klein, Daniel (2015): Immer wenn ich den Sinn des Lebens gefunden habe, ist er schon wieder woanders, München: Pieper, S. 109.

194 Brinkmann, Pfeif drauf!, S. 70.

195 Phillips, Adam (2013): Missing out. In Praise of the unlived Life, New York: Farrar Strauss & Giroux.

196 Herrndorf, Wolfgang (2013): Arbeit und Struktur, Berlin: Rowohlt, S. 438.

197 Illouz/Cabanis, Das Glücksdiktat, S. 200.

198 Hesse, Hermann (2017): Leben ist Werden, Berlin: Insel, S. 83–86.

199 Wie kann man sich selbst treu bleiben?, Interview mit Pierre Zaui, Philosophie Magazin, 2/2020, S. 64–65.

200 Pepin, Sich selbst vertrauen, S. 164f.

201 Hesse, Das Leben ist Werden, S. 22.

202 Bertelsmann Stiftung (2022): Jobmonitor. Kompetenzwandel in Krisenzeiten. Welche Soft Skills jetzt zählen, https://www.bertelsmann-stiftung.de/fileadmin/files/user_upload/220927_BST-Studie_Kompetenzwandel-in-Krisenzeiten_ID1585_screen_FINAL.pdf.

203 Worauf Personaler bei der Bewerbung wirklich achten, Der Standard, 30. 3. 2022, https://www.derstandard.at/story/2000134416606/worauf-personaler-bei-der-bewerbung-wirklich-achten.

204 Spoun, Sascha/Wunderlich, Werner (Hg.) (2005): Studienziel Persönlichkeit, Beiträge zum Bildungsauftrag der Universität heute, Frankfurt: Campus, S. 33.

205 Klimesch, Susanne (2009): Kompetenz, Persönlichkeit und Berufserfolg in Zeiten organisationalen Wandels, Wuppertal (Doktorarbeit), S. 6–9.

206 Girkinger, Einmal Glück und Erfolg, bitte!, S. 20.

207 Montag, Christian (2016): Persönlichkeit – Auf der Suche nach unserer Individualität, Berlin: Springer, S. 7f.

208 Psychologie: Wie wir unsere Stärken entfalten, Interview mit Jens Asendorpf, Geo Wissen, 52/2015, https://www.geo.de/magazine/geo-wissen/1001-rtkl-persoenlichkeit-psychologie-wie-wir-unsere-staerken-entfalten.

209 Glück, Judith (2016): Weisheit. Die 5 Prinzipien des gelingenden Lebens, München: Kössel, S. 46.

210 Nettle, Daniel (2012): Persönlichkeit. Warum du bist, wie du bist, Köln: Anaconda, S. 35.

211 Michels-Wenz, Ursula (Hg.) (1999): Schopenhauer für Gestresste, Frankfurt: Insel, S. 98.

212 Jule Specht: Kann ich mich verändern?, Psychologie heute, 7/2018, S. 19–26.

213 Türk, Elmar (2015): Die Kraft der Bescheidenheit oder von der Leichtigkeit des Lernens und dem Gewicht der Entwicklung, Die Österreichische Volkshochschule. Magazin für Erwachsenenbildung (Nr. 254), S. 3–6.

214 Haidt, Jonathan (2009): Die Glückshypothese. Was uns wirklich glücklich macht, Kirchzarten: VAK, S. 46.

215 Houellebecq, Michel (2019): Serotonin, Köln: DuMont, S. 213f.

216 Maugham, William Somerset (2012): Des Menschen Hörigkeit, Zürich: Diogenes, S. 503.

217 Roth, Gerhard (2021): Über den Menschen, Berlin: Suhrkamp, S. 114f.

218 Specht, Kann ich mich verändern?, S. 19–26.

219 A bodybuilding professor's guide to happiness: Meet Paul Dolan, a very scientific self-help guru, Independent, 5. 9. 2014, https://www.independent.co.uk/life-style/health-and-families/features/bodybuilding-professor-s-guide-happiness-meet-paul-dolan-very-scientific-self-help-guru-9709455.html.

220 Nettle, Persönlichkeit, S. 234f.

221 Die Persönlichkeitsentwicklung ist niemals fertig, Die Zeit, 12. 5. 2018, https://www.zeit.de/wissen/2018-05/psychologie-persoenlichkeit-entwicklung-alter-forschung.

222 WIFI: https://www.wifi-ooe.at/k/kommunikation-rhetorik-praesentation; https://www.wifi-ooe.at/k/selbstmanagement; WIFI-Kursbuch 2018/2019, S. 44–52; WIFI-Kursbuch 2016/2017, S. 29–48.

223 Girkinger, Einmal Glück und Erfolg, bitte!, S. 166–173.

224 https://www.glueckskompetenz.at/.

225 Heyne, Felicitas (2010): Glücksfitness. Das individuelle Training für mehr Lebensfreude, Zürich: Orell Füssli.

226 Fünf Schritte, die in Krisenzeiten auf die Siegerstraße führen, OÖN, 27. 6. 2020, K1.

227 https://www.siegerprinzip.com/anything-is-possible/, https://www.siegerprinzip.com/volle-kraft-voraus/.

228 https://www.slatco-sterzenbach.com/; https://erfolgreich-und-motiviert.de/events/slatco-sterzenbach-tickets; https://www.iron-mind.de/buch-55-gesetze.

229 https://www.joerg-loehr.com/; https://www.joerg-loehr.com/seminare/persoenlichkeitstraining/; https://www.joerg-loehr.com/seminare/.

230 http://www.lothar-seiwert.de/home/; http://tiger-strategie.de/.

231 Girkinger, Michael (2013). Die Persönlichkeit im »Fitnessstudio«. Selbstoptimierungsübungen am boomenden Markt der Glücks- und Erfolgsangebote, Psychotherapie & Sozialwissenschaft (2), S. 39–67, S. 45.

232 Mind & Money. Live-Impulsvortrag in Salzburg, 19. 10. 2018, https://www.facebook.com/events/1240268059449711/; https://vivienneposch.com/thinking-into-results-2/.

233 https://www.bobproctor.de/; https://www.lifesuccessmedia.com/wohlstandsbewusstsein-entwicklen/.

234 Girkinger, Einmal Glück und Erfolg, bitte!, S. 193.

235 Ullrich, Wolfgang (2006): Habenwollen. Wie funktioniert die Konsumkultur?, Frankfurt: S. Fischer, S. 197.

236 Haybron, Daniel (2016): Was ist Glück? Eine Orientierung, Stuttgart: Reclam, S. 20.

237 Ebd., S. 31f.

238 Haidt, Die Glückshypothese, S. 312.

239 Schröder, Martin (2020): Wann sind wir wirklich zufrieden? Überraschende Erkenntnisse zu Arbeit, Liebe, Kindern, Geld, München: Bertelsmann, S. 80–90.

240 https://worldhappiness.report/.

241 Schröder, Wann sind wir wirklich zufrieden?, S. 171f.

242 Pickett, Kate/Wilkinson, Richard (2010): Gleichheit ist Glück: Warum gerechte Gesellschaften für alle besser sind, Berlin: Haffmans & Tolkemitt.

243 Schröder, Wann sind wir wirklich zufrieden?, S. 175.

244 Schulze, Gerhard (2008): Die Sünde. Das schöne Leben und seine Feinde, Frankfurt: S. Fischer, S. 220f.

245 Eigene Übersetzung. Im Original: A bodybuilding professor's guide to happiness: Meet Paul Dolan, a very scientific self-help guru, Independent, 5. 9. 2014, https://www.independent.co.uk/life-style/health-and-families/features/bodybuilding-professor-s-guide-happiness-meet-paul-dolan-very-scientific-self-help-guru-9709455.html.

246 Marcuse, Ludwig (1972): Philosophie des Glücks, Zürich: Diogenes, S. 23.

247 Glücksratgeber lassen den Leser traurig zurück, Südkurier, 26. 5. 2017, https://www.suedkurier.de/region/kreis-konstanz/konstanz/Manfred-Luetz-Gluecksratgeber-lassen-den-Leser-traurig-zurueck;art372448,9269141.

248 Girkinger, Einmal Glück und Erfolg, bitte!, S. 40–77.

249 Zit. n. Schreiber, Mathias (2009): Das Gold in der Seele. Die Lehren vom Glück, München: DVA, S. 28.

250 Ich trage diese Zeit in mir, Interview mit Amos Oz, Der Standard, 3. 5. 2014, A2.

251 Schopenhauer, Arthur (2004): Die Welt als Wille und Vorstellung, Paderborn: Anaconda, S. 341.

252 Gehmacher, Ernst (Hg.) (1991): Mehr Glück mit Verstand, Wien: Deuticke, S. 16.

253 Tolstoi, Anna Karenina, S. 701f.

254 Fromm, Erich (1991): Die Pathologie der Normalität. Zur Wissenschaft vom Menschen, Weinheim und Basen: Ullstein, S. 54.

255 Eigene Übersetzung. Im Original in Hermsen, Joke (2021): Melancholie in unsicheren Zeiten, Hamburg: HarperCollins, S. 35.

256 Kazantzakis, Nikos (2021): Alexis Sorbas, München: Pieper, S. 106.

257 Ben-Ze'ev, Aaron (2009): Die Logik der Gefühle. Kritik der emotionalen Intelligenz, Frankfurt: Suhrkamp, S. 242.

258 Huxley, Aldous (2016): Schöne neue Welt, Frankfurt: S. Fischer, S. 275.

259 Fenner, Selbstoptimierung und Enhancement, S. 68.

260 Dagmar Fenner: Macht Selbstoptimierung glücklich?, 1. 10. 2020, https://www.philosophie.ch/blogartikel/highlights/philosophie-aktuell/macht-selbstoptimierung-gluecklich.

261 Schmid, Wilhelm (2007): Glück. Alles, was Sie darüber wissen müssen, und warum es nicht das Wichtigste im Leben ist, Frankfurt: Insel.

262 Gehmacher (Hg.), Mehr Glück mit Verstand, S. 70f.

263 Bucher, Anton (2015): Vom Nutzen des Unglücklich-Seins, IZPP 1/2015, http://www.izpp.de/fileadmin/user_upload/Ausgabe-1-2015/Bucher.pdf.

264 David, Susan (2020): Emotionale Beweglichkeit. Für freie Entfaltung mit klarem Blick und offenen Geist, Kandern: Unimedica, S. 49.

265 Cain, Susan (2022): Bittersweet. How Sorrow and Longing make us whole, New York: Crown, S. 6.

266 Bucher, Anton (2018): Das Glück des Traurigseins. Über die Vorzüge der Melancholie, Berlin: Springer, S. 55f.; David, Emotionale Beweglichkeit, S. 66f.

267 Pink, Daniel (2022): The Power of Regret. How Looking Backwards Moves Us Forward, Edinburgh: Canongate.

268 Gruber, June/Mauss, Iris/Tamir, Maya (2011): A Dark Side of Happiness? How, When, and Why Happiness Is Not Always Good, Perspectives on Psychological Science, 6(3), 222–233.

269 Burkeman, Oliver (2018): The Antidote. Happiness for People who can't stand Positive Thinking, London: Vintage, S. 7, 205f.

270 Kashdan, Todd/Biswas-Diener, Robert (2015): The Power of Negative Emotion. How Anger, Guilt and Self-doubt are Essential to Success and Fulfilment, London: Oneworld Publications.

271 Bucher, Das Glück des Traurigseins, S. 125f.

272 Glück wird überbewertet, Interview mit Arnold Retzer und Wilhelm Schmid, brand eins 12/2012, S. 58–62.

273 Haybron, Was ist Glück?, S. 131.

274 King, Vera/Gerisch Benigna (2015): Perfektionierung und Destruktivität, psychosozial, 141, Heft III, S. 8.

275 Jörg Scheller: Von der Lust, sich selbst zu optimieren, Psychologie heute compact, 68/2022, S. 82–87.

276 Straight Edger fühlen sich nüchtern stark: kein Sex, kein Alkohol, keine Zigaretten, NZZ, 29. 4. 2018, https://www.nzz.ch/gesellschaft/rebellen-und-angsthasen-ld.1380946?reduced=true.

277 Eigene Übersetzung. Im Original: Rollins, Henry: Iron and the Soul, https://www.allegiategym.com/blog/iron-and-the-soul-henry-rollins (ursprünglich erschienen im *Details Magazine* 1994).

278 Eigene Übersetzung. Im Original: Henry Rollins on defining success, The Creative Independent, 27. 3. 2017, https://thecreativeindependent.com/people/henry-rollins-on-defining-success/.

279 Mein Fleiß verdient eine Eins, Interview mit Henry Rollins, Die Zeit, 23. 2. 2010, https://www.zeit.de/kultur/musik/2010-02/henry-rollins/komplettansicht.

280 Selbstoptimierung als Pandemietrend, ORF, 10. 3. 2021, https://orf.at/stories/3204448/.

281 Schreiber, Daniel (2021): Allein, München: Carl Hanser, S. 118.

282 Futurkultur, Interview mit Judith Holfernes, Futurzwei, 22/2022, 59–65, S. 61.

283 Von Schirach, Glücksversuche, S. 36.

284 Jeder Mensch ist irgendwie komisch, Interview mit Ariadne von Schirach, Der Spiegel, 24. 10. 2016, http://www.spiegel.de/kultur/literatur/ariadne-von-schirach-die-eigene-laecherlichkeit-umarmen-a-1116720.html.

285 Judith Braun: Selbstoptimierung: Selbstausbeutung oder Luxusgut?, Perspective Daily, das konstruktive Online-Magazin, 31. 8. 2020, https://perspective-daily.de/article/1385/probiere.

286 Van Edwards, Vanessa (2018): Die Psychologie der Anziehungskraft. So werden Sie unwiderstehlich. München: mvg.

287 https://winterheller.com/online-kurse/die-Gegenwart-meistern-die-zukunft-gestalten/.

288 https://www.juergenhoeller.com/lp/power-days/?ds24tr=on_pd_2022_homepage.

289 Motivationstrainer: Lasst das Geld regnen, Die Zeit, 26. 7. 2022, https://www.zeit.de/arbeit/2022-07/motivationstrainer-juergen-hoeller-bodo-schaefer-seminare-serioesitaet.

290 Glück ist kein Ego-Trip, Interview mit Manfred Lütz, 19. 10. 2015, https://www.fnp.de/boulevard/bestsellerautor-manfred-luetz-glueck-kein-ego-trip-10879613.html.

291 Gehmacher (Hg.), Mehr Glück mit Verstand, S. 18.

292 Niemand ist jemals gut genug, Interview mit Svend Brinkmann, Impulse, 2. 5. 2019, https://www.impulse.de/management/selbstmanagement-erfolg/selbstoptimierungswahn/7328391.html.

293 Dolan, Happily ever after, S. 165f.

294 Zit. n. Baggini, Julian (2005): Der Sinn des Lebens. Philosophie im Alltag, München: Pieper, S. 133.

295 Mohr, Bärbel (2014): Bestellungen beim Universum. Ein Handbuch zur Wunscherfüllung, Aachen: Omega Verlag.

296 Girkinger, Einmal Glück und Erfolg, bitte!, S. 193f.

297 Ehrenreich, Barbara (2010): Smile Or Die. Wie die Ideologie des Positiven Denkens die Welt verdummt, München: Kunstmann, S. 17.

298 Rolf Merkle: Das Streben nach Glück: 5 Tipps zum Glücklich sein, https://www.palverlag.de/wege-zum-glueck.html.

299 Glück wird überbewertet, Interview mit Arnold Retzer und Wilhelm Schmid, brand eins 12/2012, 58–62.

300 Retzer, Arnold (2012): Miese Stimmung. Streitschrift gegen Positives Denken, Frankfurt: S. Fischer, S. 255.

301 Illouz/Cabanis, Das Glücksdiktat, S. 186.

302 David, Emotionale Beweglichkeit, S. 102.

303 Schreiber, Juliane (2022): Ich möchte lieber nicht. Eine Rebellion gegen den Terror des Positiven, München: Pieper, S. 40f.

304 Schütz, Astrid/Hoge, Lasse (2007): Positives Denken. Vorteile – Risiken – Alternativen, Stuttgart: W. Kohlhammer, S. 78.

305 Berlant, Lauren (2011): Cruel Optimism, Durham: Duke University Press.

306 Liu, Chengwei (2020): Luck: A Key Idea for Business and Society, London: Routledge.

307 Dolan, Happily ever after, S. 172.

308 https://www.nicolebrandes.ch/.

309 Denken macht uns nicht glücklicher, Interview mit Steve Ayan, Blick, 12. 10. 2018, https://www.blick.ch/life/psychologe-steve-ayan-denken-macht-uns-nicht-gluecklicher-id6464674.html.

310 Schnell, Tatjana (2016): Psychologie des Lebenssinns, Berlin: Springer, S. 102.

311 Brinkmann, Pfeif drauf!, S. 27.

312 Csikszentmihalyi, Mihaly (2001): Lebe gut! Wie Sie das Beste aus Ihrem Leben machen, München: dtv, S. 48.

313 Ich will den Modus unseres In-der-Welt-Seins ändern, Interview mit Hartmut Rosa, Philosophie Magazin, 4/2019, S. 69–73.

314 Die Dosis macht das Gift, Interview mit Steve Ayan, Der Spiegel, 11. 12. 2016, https://www.spiegel.de/kultur/literatur/steve-ayan-ueber-selbstoptimierung-die-dosis-macht-das-gift-a-1122763.html.

315 »Weniger ist mehr« fällt schwer, ORF Science, 9. 4. 2021, https://science.orf.at/stories/3205880/.

316 Schwartz, Barry (2006): Anleitung zur Unzufriedenheit: Warum weniger glücklicher macht, Berlin: Ullstein.

317 Girkinger, Einmal Glück und Erfolg, bitte!, S. 121.

318 David, Emotionale Beweglichkeit, S. 192.

319 Girkinger, Einmal Glück und Erfolg, bitte!, S. 89.

320 Burkeman, The Antidote, S. 15f.

321 Gefährliches Lächeln, Süddeutsche Zeitung, 19. 5. 2010, https://www.sueddeutsche.de/wissen/psychologie-gefaehrliches-laecheln-1.910423-0.

322 Eigene Übersetzung. Im Origonal: The Red Hand Files, Issue 116, September 2020, https://www.theredhandfiles.com/nina-simone-fear/.

323 Eigene Übersetzung. Im Origonal: The Red Hand Files, Issue 65, Oktober 2019, https://www.theredhandfiles.com/how-should-i-behave/.

324 Schuh, Fortuna, S. 9.

325 Judith Braun: Selbstoptimierung – Versuch einer Definition, https://www.psychophilie.com/definition

326 Röcke, Soziologie der Selbstoptimierung, S. 219.

327 Ebd.

328 ›People's Republic of Desire‹ Review: A Virtual Craze Makes Actual Cash, The New York Times, 29. 11. 2018, https://www.nytimes.com/2018/11/29/movies/peoples-republic-of-desire-review.html.

329 Brinkmann, Pfeif drauf!, S. 151.

330 Reckwitz, Die Gesellschaft der Singularitäten, S. 347.

331 Zit. n. Cederström, Carl/Spicer, Andre (2016): Das Wellness Syndrom. Die Glücksdoktrin und der perfekte Mensch, Berlin: Klaus Bittermann, S. 12.

332 Sandel, Vom Ende des Gemeinwohls, S. 362.

333 Soziologe Reckwitz: »Populismus ist das Resultat von Verlustwut«, Der Standard, 14. 6. 2022, https://www.derstandard.at/story/2000136521581/soziologe-reckwitz-populismus-ist-das-resultat-von-verlustwut.

334 Staab, Philipp (2022): Anpassung – Leitmotiv der nächsten Generation, Berlin: Suhrkamp.

335 Philipp Staab: Wie Gesellschaften stabil bleiben, Die Zeit, 12. 10. 2022, https://www.zeit.de/kultur/2022-10/krisenpolitik-anpassung-gesellschaft-selbsterhaltung.

336 Donner, Marian (2020): Das kleine Buch der Selbstverwüstung, Berlin: Ullstein, S. 113f.

337 Harari, 21 Lektionen für das 21. Jahrhundert, S. 89.

338 McKibben, Bill (2019): Die taumelnde Welt. Wofür wir im 21. Jahrhundert kämpfen müssen, München: Blessing, S. 202–215.

339 Lipinski, Wer werden wir sein?, S. 123.

340 Roth, Über den Menschen, S. 246–256.

341 Hermsen, Melancholie in unsicheren Zeiten, S. 128–137.

342 Russel, Bertrand (1967): Probleme der Philosophie, Frankfurt: Suhrkamp, S. 139.

343 Cabanas, Edgar/Illouz, Eva (2019): Das Glücksdiktat. Und wie es unser Leben beherrscht, Berlin: Suhrkamp, S. 162.

344 Wie eine »Glücksmaschine« unser Leben verändern würde, Der Standard, 13. 2. 2021, https://www.derstandard.at/story/

2000123977856/wie-eine-gluecksmaschine-unser-leben-veraendern-wuerde.

345 Knausgard, Karl Ove (2013): Leben, München: btb, S. 664f.

346 Eigene Übersetzung. Im Original: The Red Hand Files, Issue 176, Dezember 2021, https://www.theredhandfiles.com/what-advice-would-you-give-to-your-sixteen-year-old-self/.

347 Schulz von Thun/Pörksen, Kommunikation als Lebenskunst, S. 151.

348 Pothast, Ulrich (2008): Glück und Unverfügbarkeit, in: Meier, Heinrich (Hg.): Über das Glück. Ein Symposium, S. 51–85, München: Piper, S. 67.

349 Cabanas/Illouz, Das Glücksdiktat, S. 173.

350 Glück, Weisheit, S. 26.

351 Schreiber, Allein, S. 140.

352 Scheitern dürfen, Gastbeitrag von Wilhelm Schmid, Psychologie heute, 45/2016, S. 38–42.

353 Hamilton, How to Deal with Adversity, London: Macmillan, S. 134.